KARMA ANIMAL

STÉPHANIE ABELLAN

KARMA ANIMAL

ENTIENDE Y DESCUBRE LA MISIÓN KÁRMICA DE TU FIEL AMIGO

www.edaf.net

MADRID – MÉXICO – BUENOS AIRES – SANTIAGO
2026

Título original: *Comprendre le karma animal. Découvrir le contrat d'âme et la mission karmique de votre animal de compagnie.*

© 2025. Del texto: Stéphanie Abellan

© 2025. De la traducción: Carlota Fosatti Pineda

© 2026. De esta edición: Editorial Edaf S.L.U., por acuerdo con Stéphanie Abellan, representada por Carl Writeight, 4 Carrer de la Du, 66300 Llupia, Francia

Diseño de la cubierta: Marta Elza
Imágenes de interior: Originales cedidos por la autora
Maquetación y diseño de interior: Diseño y Control Gráfico, S.L.

Editorial Edaf, S.L.U.
Jorge Juan, 68. 28009 Madrid
Tel. (34) 91 435 82 60
http://www.edaf.net
edaf@edaf.net

Algaba Ediciones, S. A. C.V.
Calle 21, Poniente 3323, entre la 33 sur y la 35 sur
Colonia Belisario Domínguez, Puebla 72180, México
Telf.: +52 22 22 11 13 87
jaime.breton@edaf.com.mx

Ediciones y Distribuciones Edaf, SRL
Calle Chile, 2222, PB
1227- Buenos Aires (Argentina)
Telf: +54 11 4308 52 22 / +54 11 6784 95 16
fernando@edafarg.net

Edaf Chile, S. A.
Huérfanos, 1178, Oficina 501,
Santiago, Chile
Tel. +56 9 4468 0539 / +56 9 4468 0537
comercialedafchile@edafchile.cl

Febrero de 2026

ISBN: 978-84-414-4491-1
Depósito legal: M-2645-2026

PRINTED IN SPAIN · IMPRESO EN ESPAÑA

COFÁS

Papel 100 % procedente de bosques gestionados de acuerdo con criterios de sostenibilidad.

A ti, Kenya,
A ti, que me has enseñado a amar profundamente,
A ti, que me has amado y acompañado a lo largo de estos diez años
en los que buscaba encontrarme a mí misma desesperadamente,
A ti, que me has protegido contra viento y marea,
Te tendré en mi corazón, en cada pensamiento y en cada piedra
durante toda la eternidad.

A ti, West,
A ti, que has venido a reavivar la alegría,
la despreocupación y el amor incondicional en mi vida, gracias.
Gracias, por ser esta presencia tan silenciosamente poderosa
en la que me apoyo cuando vacilo, cuando me siento sola
o cuando me siento desvalida.
A nuestro vínculo, a nuestro amor, a nuestro trabajo invisible.

Índice

Presentación*

Cuando adoptamos un animal, una fuerza inconsciente nos empuja y sentimos un deseo de crear un vínculo único de amor y de apoyo con él. Pero ¿tenemos consciencia del impacto y de la importancia de este compromiso?

Nuestro camino espiritual dista mucho de ser una sinecura y es por eso que nuestros leales compañeros aceptan encarnarse a nuestro lado. En este libro, no solo vamos a rendir homenaje al amor incondicional con el que nos colman a lo largo de nuestra vida juntos, sino que, sobre todo, aprenderemos a comprenderlos, mimarlos y devolverles toda la atención y la fidelidad que nos demuestran a diario.

Gracias a explicaciones concretas e ilustradas, podrás responder mejor a sus necesidades, pero, sobre todo, serás capaz de ver a través de ellos lo que quieren enseñarte sobre ti mismo. Como un espejo de doble cara, tu animal de compañía es a la vez el depositario de tu verdad sagrada y el guardián de tu felicidad.

---

* Para establecer los vínculos reales entre el compañero peludo o animal de compañía con su amigo o cuidador humano, hemos utilizado un lenguaje respetuoso, con el fin de evitar el uso de términos que, si bien han sido los habituales hasta la actualidad, desvirtúan la relación y papel de cada uno de estos compañeros de vida y amigos fieles. *(N.del E.)*

Este libro está dirigido a todos aquellos que sienten que su fiel amigo es mucho más que un simple compañero silencioso. Te permitirá sondear las profundidades de su alma y su misión. Tomarás conciencia de toda la gratitud que sientes por la implicación que demuestra para hacerte sentir orgulloso.

Parte 1
El acuerdo del alma entre el cuidador y el animal de compañía

¿Por qué se encarnan?

¿No crees que sería interesante preguntarse por qué el alma de un animal querría encarnarse en casa de Michel, un hombre de unos cincuenta años que vive en un apartamento mugriento, para pasar todo el día observando a su compañero humano arrastrando las Crocs y sin tirar de la cadena?

¿Cuál es la razón espiritual de su presencia aquí en la Tierra?

Al igual que nosotros, los animales tienen un karma. Vienen a este mundo para trabajar cuestiones kármicas que aún no han integrado en sus encarnaciones anteriores.

Su karma es sensiblemente diferente al nuestro, ya que no experimentan el concepto de moral ni de elección. Vienen más bien para trascender sus heridas y sus miedos.

Pero, más que nada, están aquí para acompañar el alma de los humanos para que puedan cumplir su misión.

Concretamente, su objetivo es doble: liberar sus propios bloqueos mientras ayuda a Michel a descubrir la existencia de la lejía y las toallitas desechables.

LOS CINCO ACUERDOS DEL ALMA ENTRE EL CUIDADOR Y EL FIEL COMPAÑERO

Si alguna vez has tenido un animal de compañía, seguramente eres de esas personas que asienten discretamente con la cabeza cuando alguien dice que los prefiere a los humanos. Las almas animales irradian amor incondicional. Eligen a su compañero y guardián y le son fieles y leales hasta su muerte.

Para nosotros, pobres pecadores ignorantes, esta fuente de amor es semejante tsunami de benevolencia pura que podemos fácilmente caer en la tentación de querer rodearnos únicamente de ellos. Evidentemente, como podrás imaginar, eso no es lo ideal. Los animales no tienen como objetivo sustituir los recuerdos kármicos que debemos resolver con nuestra madre asfixiante o nuestro padre alcohólico. Su papel es más sutil, y a lo largo de estas páginas descubrirás la extraordinaria misión multifacética que desempeñan a diario contigo.

Un acuerdo del alma es un pacto mutuo entre dos almas antes de su encarnación. Su objetivo es experimentar enseñanzas y pruebas conjuntas para trascenderlas mejor. La fuerza del vínculo y el amor presente entre ambas partes permiten romper los bloqueos y los condicionamientos con más rapidez.

Cuando el animal decide vivir un vínculo compañero animal-cuidador, su alma lo decide previamente de acuerdo con la de su humano mucho antes de su encarnación.

Cuando tú y un animal os elegís mutuamente, todo está programado y previsto para que él te aporte lo que necesitas durante un periodo determinado. Es lo que se denomina un «acuerdo del alma». Simboliza la voluntad de ambas partes de recorrer juntas un camino para evolucionar mano a pata (sí, me he atrevido a hacerlo).

Existen diferentes tipos de acuerdos del alma, y dependen de lo que aún tengas que trabajar, espiritualmente hablando.

Puedes acumular varios, y la personalidad de tu animal de compañía se adaptará perfectamente al trabajo necesario para sacarlos a la luz.

Para cada acuerdo, el animal encarnará comportamientos desencadenantes y/o facilitadores según el período, adoptando a veces posiciones en las que sacudirá a su cuidador para que evolucione, y otras veces posiciones de apoyo para ayudarle a avanzar.

Nunca actuará para hacer daño, sino para crear desencadenantes y tomas de conciencia evolutivas.

Un mismo acuerdo: dos comportamientos opuestos y complementarios

◼◼ Comportamiento desencadenante

- Genera incomodidad para revelar un bloqueo inconsciente.

- Se posiciona como un espejo para revelar las heridas ocultas.

- Nos enfrenta a una toma de conciencia necesaria.

- Desentierra lo que queremos ignorar o lo que tememos afrontar.

- Imita las acciones para impulsar la toma de conciencia.

- Encarna la emoción reprimida o las consecuencias de un estado emocional desequilibrado.

- Rompe las reglas o la autoridad para señalar una falta de alineación.

■■ Comportamiento facilitador

- Encarna el vínculo tranquilizador y presente necesario durante los grandes cambios de la vida.

- Cura y transforma las vibraciones bajas y las emociones agotadoras.

- Aporta consuelo y apoyo en cualquier circunstancia.

- Guía espiritualmente a su cuidador de forma telepática.

- Acepta asumir una enfermedad o el peso de la carga vibratoria negativa para aliviar a su cuidador.

- Aporta anclaje y reenfoque a su cuidador de manera indirecta.

EL ACUERDO DE SANACIÓN EMOCIONAL

Tu animal de compañía viene a sanar los sufrimientos amorosos o emocionales y a aportar una fuerte presencia que te ayuda a reconstruirte alejando las energías de soledad y ensimismamiento. Gracias a su amor incondicional, te muestra que mereces ser amado, sean cuales sean las circunstancias, y se esfuerza por ayudarte a transformar las emociones dolorosas asociadas a tus experiencias traumáticas. No puede «asumir» tus heridas, pero hace todo lo posible por ayudarte a transmutarlas.

■■ Comportamiento desencadenante

- Adopta un comportamiento pegajoso, dependiente, y parece estar en perpetua necesidad de amor, a pesar de recibir atención continua. Puede «oprimirte» y darte la impresión de que te asfixia. Aquí, él viene a desempeñar el papel de tu espejo emocional dependiente, para que puedas comprender las emociones que tus reacciones pueden provocar en tu compañero. Al experimentar el otro lado del espejo, aprendes a tomar distancia de tus reacciones emocionales.

- Se enfurruña o se queja si no respondes favorablemente a sus peticiones e incluso puede chantajearte emocionalmente fingiendo estar triste o suspirando profundamente cuando no le dedicas tiempo. Te señala las expectativas no cumplidas para que seas más consciente de que las expectativas de unos no son las de otros.

▪▪ Comportamiento facilitador

- Es cariñoso y fusional contigo, porque quiere que sientas lo que es la profusión de amor por ti y hacia ti.
- Se coloca cerca de ti, lamiéndote o ronroneando, para enviarte energías de transmutación de los bloqueos relacionados con el chakra del corazón.

¿Cuáles son las lecciones kármicas de este acuerdo?

- Sanar las heridas de tu chakra del corazón y lograr aceptar que puedes ser amado tal como eres y por lo que eres, sin condiciones.
- Dejar de forzar el amor y la atención del otro, para poder acoger mejores relaciones amorosas.
- Lograr amarse a uno mismo sin buscar la aprobación o la validación externa.
- Tomar conciencia de las necesidades no satisfechas y actuar por uno mismo.
- Dejar atrás los recuerdos de antiguos traumas obsoletos y recuperar una vibración elevada.

EL ACUERDO DE DESPERTAR ESPIRITUAL

Tu animal viene a despertarte espiritualmente y te obliga a recuperar tu alineación interior. Sus comportamientos y reacciones actúan como una brújula en tu vida cotidiana.

Observa a tu animal y sé honesto contigo mismo: ¿tus acciones están alineadas con tus valores, tus deseos más profundos y tus necesidades espirituales? ¿O has caído en una versión de ti mismo desconectada de tu alma, que avanza en modo automático sin darte cuenta?

■■ Comportamiento desencadenante

- Por ejemplo, puede encerrarse totalmente en sí mismo cuando tienes comportamientos nocivos o que estén completamente alejados de tu vibración habitual. También puede ignorarte.

- Puede «juzgarte» con su mirada penetrante que es capaz de ver a través de ti. Sabes que ve y que sabe que no vas en la dirección correcta. Si observas sus reacciones, puedes sentir cuándo te indica su desacuerdo. Todo esto ocurre, la mayoría de las veces, de forma sutil. Percibes su energía de confrontación sin darte cuenta, pero está ahí y es muy poderosa.

- Encarna la misma desviación que tú. Por ejemplo, un gato hiperactivo, incapaz de estar en el momento presente, refleja tus propias dificultades para centrarte. Un perro que ladra todo el día refleja una postura quejumbrosa que adoptas y que te desconecta de la gratitud y la alegría.

▪▪ Comportamiento facilitador

- Se instala cerca de ti para ayudarte a recuperar una vibración de frecuencias más elevadas, para «reconectarte» a la Fuente y para que tengas una epifanía.

- Te envía mensajes a través de sueños o se comunica contigo por telepatía para guiarte.

- Encarna una lección espiritual que debes desbloquear: el momento presente, la sabiduría, la temperancia, etc.

¿Cuáles son las lecciones kármicas de este acuerdo?

- Reconectar con la parte divina y encarnar todo tu potencial sin caer en la trampa del ego.

- Alinearse con los valores y necesidades fundamentales.

- Dejar de buscar aparentar, sino «ser» auténticamente uno mismo.

- Recuperar el sentido de la vida cotidiana y dejar de avanzar en la niebla.

- Desarrollar la clarividencia y la intuición reconectando con la Fuente.

EL ACUERDO DEL KARMA FAMILIAR

Tu animal de compañía también puede elegir venir y actuar como mediador en familias de alma donde las heridas de cada miembro están a flor de piel. Por el contrario, también puede ser el elemento perturbador en una familia donde la toxicidad está presente. Aporta energía de paz y calma las tensiones gracias a su elevada vibración.

■■ Comportamiento desencadenante

- Defiende y se opone a otro miembro de la familia que maltrata a su cuidador de corazón.

- Se convierte en el motivo de un ultimátum planteado por uno de los miembros de la pareja. Cuando uno de los cónyuges rechaza al animal, este se convierte involuntariamente en una palanca de decisión impactante para obligar a su cuidador a salir de una situación en la que está atrapado.

- Desafía la autoridad para alterar las reglas que considera injustas en el hogar, con el fin de obligar a los cuidadores a modificar su comportamiento.

■■ Comportamiento facilitador

- Crea unidad familiar y reúne a los miembros del hogar en torno a su presencia.

- Obliga a los diferentes miembros a bajar la guardia ante un comportamiento desprovisto de ego y reproches. Relaja y calma el ambiente incluso cuando está tenso.

- Aporta amor y atención a los miembros más débiles de la familia, que se nutren de su elevada vibración para recargar energéticamente.

- Reúne a todas las almas heridas en torno al juego, al momento presente y a la alegría cotidiana, obligando así a los habitantes a impregnarse de su energía.

¿Cuáles son las lecciones kármicas de este acuerdo?

- Percibir un modelo de amor, fiel y leal, y anclar esta verdad en la memoria celular.

- Perdonar las disputas innecesarias y disfrutar unos de otros sin rencor.

- Unificar el hogar en torno al amor.

- Abandonar un hogar tóxico cuando los comportamientos presentes no son benevolentes ni respetuosos.

EL ACUERDO DE ACEPTACIÓN DE UNO MISMO

Nuestro compañero animal tiene una apariencia y cualidades únicas y, muy a menudo, las similitudes entre él y el cuidador son sorprendentes. En este tipo de acuerdo, el animal le demuestra a su cuidador que ya es perfecto y que no necesita «hacer» ni «tener» nada para ser valorado. Pone de relieve la aceptación de uno mismo, ya sea física o en lo que respecta a la personalidad.

■■ Comportamiento desencadenante

- Acentúa los defectos que crees tener y que te acomplejan. Por ejemplo, un perro muy torpe, muy grande o con poca resistencia. Al encarnar lo que interiormente crees que debes mejorar en ti mismo, te demuestra que puedes encontrar afecto y encanto en la torpeza, belleza y carisma en un cuerpo imponente y macizo, o incluso que la falta de resistencia no empaña en absoluto su valor a tus ojos.

- Puede tener un comportamiento desobediente o provocador para poner a su cuidador contra las cuerdas y obligarle a dejar de tener en cuenta la mirada exterior cuando, por ejemplo, se avergüenza de llamar la atención.

- Encarna la sociabilidad y la confianza en sí mismo al desafiar las normas y los límites establecidos para enseñarle a escuchar más a su autoridad superior que al marco preestablecido.

- Ladra o se rebela cuando algo no le conviene, con el objetivo de invitar al cuidador a hacer lo mismo.

■■ Comportamiento facilitador

- Le gusta y redobla sus gestos de afecto cuando siente que su cuidador no se siente a la altura, duda o se siente culpable. Le enseña el alcance del amor puro que no condena, que perdona y que permite los errores o los fracasos sin juzgar con severidad.

- No cambia su comportamiento hacia su cuidador y mantiene un amor y una lealtad constantes.

- Calma los recuerdos de rechazo y humillación colocándose cerca de su cuidador cuando este emite vibraciones bajas, con el fin de ayudarle a reequilibrar su energía.

¿Cuáles son las lecciones kármicas de este acuerdo?

- Hacer que su guardián humano acepte que es digno de ser amado sin artificios.
- Curar las heridas del rechazo o la humillación a través del amor incondicional del animal.
- Tomar conciencia de su valor gracias al reconocimiento y la mirada que el animal posa sobre uno mismo.
- Permitirse derrumbarse, decir no, ser firme, sin temor a ser rechazado.

EL ACUERDO DE REPARACIÓN KÁRMICA

Tu animal llega a tu vida llevando ostensiblemente el peso de las heridas que debes curar en ti, a través de él. Puede tratarse de un animal abandonado, maltratado, con un ojo perdido o con una pata menos. Su papel, a través de sus traumas físicos o emocionales, será resonar con las heridas sin cicatrizar de tu propio karma.

■■ Comportamiento desencadenante

- Un animal asustado, temeroso o paranoico, al que le cuesta mucho volver a confiar en los humanos.

- Le cuesta recibir afecto. Gruñe y siente aversión por las caricias o la cercanía.
- Tiene una actitud cambiante, que alterna entre pedir mimos y defenderse.
- Cristaliza la ira o las emociones relacionadas al propio pasivo del cuidador en su presencia (abandono, maltrato, incapacidad para encajar en el molde debido a una diferencia, etc.).

■■ Comportamiento facilitador

- Acepta progresivamente el amor y las caricias del cuidador.
- Supera su miedo y comienza a confiar en su cuidador.
- La sanación y el cuidado que recibe el animal también curan al cuidador.

¿Cuáles son las lecciones kármicas de este acuerdo?

- La autocuración a través de la compasión y la empatía mutua.
- Comprender la importancia de la paciencia en el proceso de reparación.
- Liberarse de los patrones nocivos relacionados con el amor y sustituirlos por un nuevo paradigma.
- Tomar conciencia de que el pasado no define el futuro y que, a pesar del sufrimiento vivido, es posible encontrar una forma de amor incondicional: se te querrá a pesar de las heridas.

Parte 2
La prueba del reencuentro

El animal, aunque a veces se diga lo contrario, solo tiene un referente o cuidador kármico.

Tiene varios acuerdos del alma si el hogar está compuesto por varias personas, pero siempre tiene un único vínculo profundo que lo trasciende todo, y es el de su maestro del corazón, el humano al que ha decidido amar y acompañar contra viento y marea.

¿Me cuidarás?

Prometido ♥

El acuerdo se define en función de las necesidades de cada uno y del objetivo buscado en cuanto a la materia de evolución.

Las características físicas y emocionales del animal se eligen cuidadosamente para optimizar el trabajo y la toma de conciencia de ambos.

EL REENCUENTRO

Aunque el acuerdo del alma es tácito y claro ahí arriba, se vuelve inconsciente en cuanto te encarnas como ser humano. Tu cerebro no sabe que debe adoptar un animal para evolucionar más rápidamente. Entonces tiene la opción del libre albedrío: algunas personas no son necesariamente sensibles a la energía animal y elegirán guías en una forma diferente para seguir su camino.

La adopción de un animal puede convertirse entonces más en un deseo o en algo visto como un «capricho» que en un acto de evolución. Por ejemplo, cuando una persona decide adoptar un animal, no por su carácter espiritual, sino porque le parece bonito.

Cuando incorporas un animal a tu vida, puede haber un factor de azar, y el universo hace que conozcas a tu futuro compañero, o bien puedes sentir una poderosa llamada del alma que te impulsa a elegir un compañero.

¡No vas a adoptar un gato!

... ¡Además, apestan!

No puedes equivocarte de animal, porque las cosas siempre salen a la perfección: tu vecina te regala un gatito de la camada de su gata, encuentras un cachorro abandonado que no pertenece a nadie o, justo cuando quieres adoptar un pastor alemán, te topas con un anuncio que se ajusta a tu presupuesto y a tu *timing*. Así, dado que el encuentro está previsto y acordado mucho antes de tu encarnación, si tardas en desarrollar tu intuición, el destino te vuelve a encauzar forzando las cosas y dándote un pequeño empujón.

***Cuando los acuerdos deben comenzar,
los caminos divinos se abren
y se ponen en marcha.***

EL *TIMING* DE LA LLEGADA

Tu animal nunca llega en mal momento, sino que elige muy cuidadosamente el momento para causar sensación:

- Para protegerte durante la infancia o la adolescencia;

- justo antes o durante un choque emocional o un trastorno profundo (divorcio, despido, duelo);

- al comienzo de un nuevo ciclo para acompañar una nueva versión de ti mismo;

- durante un periodo de desorientación o pérdida, para ayudarte a encontrar de nuevo tu camino.

En cada nuevo ciclo de tu vida, un nuevo animal puede acompañarte según tus necesidades o deseos. No es sistemático, pero su corta vida en comparación con la nuestra nos permite vivir varios acuerdos con diferentes almas animales.

LA ELECCIÓN DEL ANIMAL DE COMPAÑÍA

Es posible que tu animal de compañía llegue a ti de forma inesperada, en cuyo caso no hay que elegir. Por otro lado, ¿qué pasa con las camadas de cachorros o gatitos, en las que podemos elegir entre varios pequeños traviesillos, todos ellos igual de adorables?

Funcionamos con un sistema basado en la energía y, por extensión, en la vibración. Por lo tanto, aunque creas que estás eligiendo al más bonito de la camada, tu concepto de belleza estará fuertemente influenciado por tu vibración y por lo que te atrae a nivel celular. (Sí, la belleza está sujeta a la vibración inconsciente, recuerda a todos tus ex que te parecían súper guapos hace diez años).

Cada animal tiene una característica única, por lo que tu elección no es anodina. De hecho, a menudo se dice que el animal también te elige a ti y que se produce una reconexión cuando encuentras a tu compañero.

Cuando elegí a West, fui a un criadero de boyeros de Berna, porque quería tener la misma raza que mi perra fallecida, Kenya (que, por cierto, me habían regalado de forma inesperada).

Al llegar allí, tenía en mente la foto de los cachorros y tenía un favorito. La criadora me recibió y me mostró a los machos de la camada, ya que, para no sentir que estaba sustituyendo a Kenya, no quería elegir una hembra.

Me enseñó tres adorables bolas de pelo que se abalanzaron sobre mí en cuanto entré en su recinto. Entre ellos, había uno que no parecía muy interesado, mientras que los otros dos destacaban. Uno era muy dinámico, se pegaba a mí y no paraba de darme besos, mientras que el otro era más distante y tranquilo. Jugué con ellos durante unos diez minutos y observé su comportamiento. Tras dudar mucho, finalmente me decidí por el que menos se me pegaba.

¡Oh! ¡Pero qué bonito es!

No sé muy bien por qué, pero mi instinto me decía que eligiera a ese. Durante el viaje de vuelta, empecé a angustiarme, porque me di cuenta de la importancia de la decisión. Me comí la cabeza, que ya estaba repleta de dudas, porque temía que adoptar un nuevo perro fuera una mala decisión. De hecho, me había llevado casi dos años reunir el valor para hacerlo y, ahora que lo había conseguido, tenía dudas. Pasé el resto del trayecto tratando de confiar en mi instinto: si lo había hecho, era porque tenía que ser así. Pero mis profundas angustias seguían aflorando y me sentía en un estado de intensa vulnerabilidad.

Evidentemente, cuando escribo estas líneas con perspectiva, me doy cuenta de que la llegada de West marcó el comienzo de un ciclo ese día y que eso conmocionó mi alma de una manera sutil.

¿Qué es el inicio de un ciclo?

Inicias un ciclo en algo que hay de aprendizaje, trascendencia y de toma de conciencia.

Es como una caja de Pandora que se abre de manera irreprimible, porque se quiere saber qué hay dentro, pero que desconcierta. No es negativo, ¡pero sacude!

Se puede comparar con la llegada de un hijo, por ejemplo: aunque sea algo deseado, cuando nace el niño nunca te das cuenta de los trastornos emocionales, físicos, energéticos y kármicos que ello implica.

Siempre me preguntaba por qué había elegido precisamente a ese cachorro. Encontré la respuesta unos meses más tarde: acudí a una comunicadora con animales a la que le pregunté: «¿Por qué elegí a este cachorro en lugar del que estaba muy pegado a mí?». Me respondió que no necesariamente necesitaba afecto o un impulso en mi vida, y que West, al ser un cachorro muy tranquilo y estable, había venido a enseñarme a bajar el ritmo y a cuidarme. Todo cobró sentido, porque, efectivamente, estaba en un momento en el que quería darme prioridad a mí misma y tomarme el tiempo para vivir.

No dudes de tu elección,
seguro que es la correcta.

EL NOMBRE DEL ANIMAL

Al igual que en el caso de los seres humanos, los nombres que les damos a nuestros compañeros están cargados de significado. Guardemos un minuto de silencio por todos los chihuahuas llamados Rocky Balboa o todos los rottweilers llamados Caresse[1].

Como todo es vibración, el nombre tiene energías propias que crearán una simbiosis con tu animal. Nada es casualidad, y tu animal es el portavoz de tu evolución. Te muestra lo que es y lo que a veces no ves.

Cuando elegí el nombre de mi boyero de Berna, no tenía nada concreto en mente. Hicimos una lista y toda la familia se divirtió dando sus preferencias, pero ninguno nos convencía. De repente, mi madre, que es terapeuta energética y a menudo recibe mensajes de los planos superiores, exclamó: «¡WEST!». Todos asentimos: ¡era el nombre adecuado!

Solo más tarde comprendí el simbolismo de su nombre y, por extensión, de su misión. Para ello, tuve que investigar la definición espiritual de la palabra: «*En muchas tradiciones, el oeste se asocia a menudo con el final de un ciclo, como la imagen del sol poniéndose. Invita a la renovación y a una pequeña muerte de cara a una gran transforma-*

---

[1] Caricia, en español. *(N. de la T.)*

ción. Sugiere sumergirse en uno mismo para llevar a cabo una profunda introspección».

Esto ya era muy simbólico, ¡pero eso no era todo! Cuando aún no tenía tres meses, mi cachorro estaba jugando en el jardín, sobre el césped, y yo estaba en la cocina cuando le oí dar un pequeño grito. Salí inmediatamente y vi que cojeaba ligeramente.

Lo llevé al veterinario y me dio la mala noticia: «Su perro se ha fracturado el codo y el hombro derecho». Un poco perpleja, teniendo en cuenta que estaba solo en un jardín vacío, me preguntaba cómo se lo había hecho. El veterinario me explicó que los cachorros de gran tamaño podían lesionarse fácilmente y que habría que operarlo. En ese momento supe que esa no era la razón profunda, pero no tenía perspectiva sobre la situación ni sobre el mensaje que debía entender. Unos días más tarde, lo llevamos a una clínica especializada para que lo trataran. Le extirparon parte del hueso del hombro para que no interfiriera en su crecimiento. Luego lo controlaron durante unas semanas, pero su pata derecha siguió torcida: está tan arqueada que, cuando se sienta, la pata queda perpendicular al cuerpo. ¿Y adivinas en qué dirección apunta cuando se pone frente a mí?

Su pata apunta hacia el oeste y forma un ángulo recto con su cuerpo. Entendí que me estaba pidiendo que cambiara de dirección, que no siguiera un camino que ya no tenía sentido. Le agradezco infinitamente que me acompañe con tanto desinterés y pureza. Efectivamente, en ese momento de mi vida puse todo patas arriba: tomé decisiones difíciles, pero necesarias. Tuve que deshacerme de las personas que me lastraban en lugar de apoyarme, de las personas que me aconsejaban mal, y también tuve que tomar decisiones que no eran fáciles desde el punto de vista emocional, pero que estaban justificadas racionalmente.

Empecé esta pequeña muerte para cambiar de dirección y West fue la luz invisible que me guio durante todo el camino.

El nombre del animal se convierte en un mantra: cada día repites esas pocas letras que forman una poderosa energía impulsada por el amor que os une. Por eso es importante elegir bien el nombre. A menos que quieras gritar por las calles del pueblo «¡WHISKY-COLA, AQUÍ!» toda tu vida.

Algunos ejemplos de nombres según la energía deseada

Anclaje, estabilidad: Gaïa, Atlas, Roots.

Alegría: Joy, Shine, Sun.

Fuerza, protección: Thor, King, Wolf.

Sabiduría: Karma, Tao, Stars.

Espiritualidad: Luna, Angel, Shiva, Aura.

Transformación: Phoenix, Dark, Shadow.

Naturaleza: Flor, Pluma, Trueno.

Amor: Minou, Câline, Amour.

Juguetón: Pepito, Cookie, Zouzou.

Nombres del niño interior: Snoopy, Simba, Winnie.

Personajes famosos: Marylin, Einstein, Spartacus.

Cada nombre responde a una intención oculta de desarrollar algo o cambiar algo en ti.

Así mismo, si tu animal de compañía tiene un nombre muy cariñoso, por ejemplo, Roudoudou[2], te invita a acoger más amor y ternura en tu vida. Si lleva el nombre de un personaje famoso como Harry Potter, te invita a poner magia en tu día a día.

Si tu animal ya tiene un nombre, ¡busca el significado de las palabras para descubrir su vibración!

EL GÉNERO DEL ANIMAL

La elección del género tampoco es anodina, ya que te inculca las fuerzas de cada polaridad.

La fuerza YANG: los machos

Energía emitida: acción, fuerza, protección, estructura, movimiento.

La energía del macho invita a actuar y a no permanecer en una forma de pasividad no deseada. Te muestra lo que es la autoridad interior y te inspira a enmarcar y posicionarte hacia las cosas que realmente deseas. Te empuja a desarrollar tu parte masculina y tu fuerza, seas hombre o mujer.

---

[2] Apodo cariñoso. *(N.de la T.)*

La fuerza YIN: las hembras

Energía emitida: introspección, dulzura, intuición, observación.

La energía femenina invita a reflexionar sobre uno mismo y sobre las propias emociones. Modera la toma de decisiones o la impulsividad, con el fin de canalizar y arrojar luz sobre lo que debe sanarse. Empuja a desarrollar la parte femenina y la sensibilidad, tanto si eres hombre como mujer.

La elección de la raza

Acabarás diciéndote que, cuando fuiste a la SPA[3] de Sainte-Marie-la-Mer a adoptar un gato callejero por capricho, no pensabas que habría tanto sobre lo que reflexionar... ¡Pero espera, porque la raza de tu animal también dice mucho sobre su misión!

Cada raza de animal es muy diferente, aunque algunas parezcan idénticas (los golden retrievers y los labradores, por ejemplo). En realidad, todos tienen una particularidad que les confiere predisposiciones energéticas muy concretas. He elaborado una lista con ellas.

---

[3] Sociedad Protectora de Animales en español.

En el caso de los perros:

- los perros protectores, como los malinois, los rottweilers o los pastores alemanes, aportan una energía de fuerza y protección que te invitan a desarrollarte;

- los perros cariñosos y afectuosos, como los golden retriever, los chihuahuas o los cavalier King Charles, te invitan a calmar tu corazón y a abrirte más al amor en todas sus formas;

- los perros independientes y salvajes, como los huskys, los akitas o los shibas, aportan una energía de independencia, libertad y superación personal.

- las razas juguetonas y divertidas, como los beagles, los cockers o los bulldogs franceses, aportan una energía de relajación, alegría y ligereza.

En el caso de los gatos:

- los gatos arraigados, como los cartujos o los Maine coon, aportan una energía de seguridad y dulzura envolvente;

- los gatos espirituales, como los siameses o los sphynx, aportan una energía mística e intuitiva profunda para abrir el hogar a la espiritualidad;

- los gatos sanadores, como los persas o los ragdoll, aportan una energía de consuelo y tranquilidad;

- los gatos independientes y primitivos, como los bengalíes o los savannah, aportan una energía de reconexión con el instinto y la animalidad reprimidos bajo la mente.

La raza infunde una energía sutil que aporta una nota más a la firma vibratoria de tu animal. Sin embargo, independientemente de la raza, cada animal emite una vibración que mezcla su propia personalidad, elegida para servir a su compañero humano, sus condiciones de vida y su misión en la vida. Asimismo, también puedes adoptar un akita temeroso y poco aventurero, a pesar de su predisposición racial. Su papel será mostrarte su potencial (la fuerza, el poder y la resistencia del akita) frente a tu sombra (el miedo a desafiar, el temor al exterior).

No me dejes ganar

Se supone que soy un perro grande y poderoso, y, sin embargo, tengo miedo.

No estoy a la altura...

LOS ANIMALES RESCATADOS

Si eres una de esas personas que han adoptado animales abandonados o dañados por la vida: gracias.

Gracias, por todas esas pequeñas almas sufridoras que han encontrado en ti un amor incondicional tras un comienzo difícil en la vida.

Este acuerdo del alma se establece mucho antes de tu llegada a este mundo, pero a veces el animal, por su parte, debe experimentar otras cosas antes de llegar a un hogar cariñoso y seguro.

¿Cuáles son las razones subyacentes?

Cuando eliges un animal con un pasado difícil, decides trabajar bloqueos kármicos muy profundos: el animal te remite a partes muy dolorosas de ti mismo que tendrás que curar mutuamente.

Tu animal viene a sanar la misma herida que tú, y estas pueden ser diversas: agresiones físicas o morales, rechazo, abandono, inseguridad, maltrato, desamor, traición, etc.

Al domesticar vuestras heridas mutuas, recorréis un camino de sanación profundo y liberador.

Los animales maltratados pueden tener comportamientos difíciles y agresivos, ya que reflejan en lo material lo que está inscrito en lo invisible en forma de emociones no digeridas.

Se necesita tiempo y amor para permitirles eclosionar y liberarlos.

EL NÚMERO DE ANIMALES

Puede darse el caso de que algunos hogares tengan más de un animal y, en esos casos, el trabajo es el mismo en la forma, ¡pero no en el fondo!

Los animales son un poco como los niños que se encarnan: por mucho que hayas tenido tres iguales con tu estúpido marido, ¡ninguno se parece al otro! Uno será creativo y extravagante, mientras que el segundo será callado y tímido, y el último será rebelde e indisciplinado.

Los animales también te permiten experimentar diversas facetas de tu alma y tu karma.

Cada uno de ellos llega en un momento muy concreto, y la sinergia de todos los animales provoca un poderoso egrégor de trabajo.

No olvidemos que nuestros pequeños animales de compañía peludos vibran muy alto energéticamente hablando: purifican el hogar y elevan la vibración. Por lo tanto, ¡cuanto más locos estéis, más vibraréis!

Parte 3
Su misión kármica

Nuestros animales de compañía se encarnan para ser útiles en diversos planos según su entorno y las necesidades de su humano.

¿QUÉ ES UNA MISIÓN KÁRMICA?

Cuando un animal se encarna, viene a trabajar en dos tipos de limpieza:

- **el karma personal**, que incluye sus propias heridas, miedos y recuerdos de sufrimiento que debe liberar;
- **el karma relacional** con su compañero humano, que no es punitivo, sino más bien un vector de evolución. Gracias a su acuerdo del alma, se ayudan mutuamente a liberarse de sus cadenas.

Por ejemplo, un animal con un fuerte recuerdo de abandono puede encarnarse en un hogar con una cuidadora soltera que tiene karma amoroso y que no consigue pareja. Se aportarán mutuamente claves sutiles de comprensión para desprenderse de ello.

LAS CUATRO FUNCIONES DEL ANIMAL DE COMPAÑÍA

El animal de compañía asume cuatro funciones importantes en el marco de su misión. Estas funciones son simultáneas y el animal las encarna de forma natural en su día a día.

1. El espejo invisible

¡Tu compañero no te ha elegido por casualidad! ¿Conoces el dicho «De tal humano, tal perro»?

Pues sí, te confirmo que la verdad no está muy lejos, porque inconscientemente eliges un animal tan personalizado como un Happy Meal: raza, género, personalidad, miedos, necesidades, etc.

Tu animal de compañía es una versión peluda de tu sombra.

Así que, si tu perro luce una permanente de los años 80 o tu gato tiene el pelo graso, no busques más: te está imitando.

Una vez que nos damos cuenta de esto, es muy difícil disociar al animal de su humano, ya que encontramos en él los rasgos profundos de su personalidad.

Recuerdo una conversación que tuve con una persona de mi entorno. Me dijo que su perro tenía un temperamento agresivo en casa: no le gustaba el contacto y era muy salvaje. Le sugerí que su misión era hacerle comprender algo

en relación a ello, pero se mostró escéptica. Me respondió que ella era todo lo contrario: alegre y sociable, y que le encantaba conocer gente y hablar. Entonces le respondí que al animal no le importaban las máscaras sociales que los amos se ponen para disimular sus heridas o sus miedos... simplemente están ahí para reflejar lo que se esconde debajo. Dejamos esta conversación pendiente y, poco después, esa persona volvió para decirme que todo aquello le había hecho reflexionar. Entonces me dijo: «Me di cuenta de que, efectivamente, el perro se comportaba con total normalidad cuando salía a pasear; se adaptaba sin problemas a los encuentros y se dejaba acariciar. En cambio, cuando estábamos en casa, se recluía: buscaba lugares seguros, como los rincones de las habitaciones o debajo de la mesa, donde nadie fuese a buscarlo. No quería que lo molestaran ni lo tocaran. ¡Es exactamente lo que vivo yo! A pesar de mi facilidad para conectar con la gente en el exterior, en la intimidad me encierro en mí misma y no dejo que nadie se acerque o "muerdo"».

Esta persona llevaba muchos años soltera y tenía mucho miedo de abrirse y conectar con alguien. Había «protegido» su intimidad y no quería que nadie alterara su «seguridad» interior. Su testimonio es solo uno de los muchos que dan fe del poder de reflexión que nuestros animales pueden transmitirnos.

¿Qué tipo de efecto espejo nos puede devolver el animal?

EL REFLEJO DEL CUERPO FÍSICO

Tu animal puede tener características físicas que se parezcan a las tuyas. Por ejemplo, un gran deportista tendrá tendencia a adoptar un perro tipo husky o un border collie por su rapidez o resistencia, mientras que una persona mayor elegirá naturalmente un perro más bien frágil o de tamaño pequeño, cariñoso y dependiente. Este mimetismo permite estar en sintonía en lo que respecta a la convivencia con su animal, ya que este tiene un papel preponderante en tu vida y su acuerdo del alma vela por que estén en perfecta armonía.

Tu cuerpo físico es la última barrera de alerta cuando algo no funciona correctamente en tu cuerpo mental, emocional o energético, pero a veces el animal actúa como mensajero para ahorrarte dolores físicos.

En su misión, uno de sus deseos es acompañarte en tu camino iluminándote, cueste lo que cueste, amándote, protegiéndote, pero también sacrificándose conscientemente por tu bienestar. Cuando su compañero humano atraviesa un período intenso y se siente vulnerable, el animal acepta experimentar la enfermedad para aliviar a su amigo de esta prueba.

No hay que sentirse culpable, ya que el animal se encarna con el objetivo principal de acompañarte y su deber último en esta tierra es ayudarte y protegerte. Tú eres él y él es tú; cuando tú sufres, él sufre; cuando tú eres feliz, él también lo es. Él no lo ve como un sacrificio, sino más bien como una forma de compartir la carga, el dolor y avanzar siempre juntos para ser aún más fuertes.

Un gato que sufre cistitis o un perro con cáncer nunca es algo insignificante. El animal somatiza un bloqueo invisible que se ha arraigado en el hogar y acepta vivirlo en la materia para que su compañero humano sea más consciente de ello. Cada enfermedad es diferente y revelará un mensaje único, pero nunca carente de sentido.

No es fácil comprender el alcance de la advertencia que envía el cuerpo, ya sea a través de nosotros o de nuestro compañero de cuatro patas, pero una cosa es segura: el cuerpo habla cuando el resto no va bien. Por lo tanto, es necesario analizar lo que está sucediendo a nivel emocional y energético en su vida para sacar conclusiones.

Para ayudarte, aquí tienes una lista de los problemas más comunes y sus significados.

- **Infecciones urinarias:** transición demasiado fuerte, forma de inseguridad material o emocional.

- **Dolores articulares:** incapacidad para avanzar en la vida, direcciones bloqueadas, sensación de estar «esclerotizado».

- **Problemas de vista u oído:** algo que nos negamos a ver u oír.

- **Problemas cardíacos:** dolor emocional intenso o falta de amor.

- **Problemas cutáneos:** situaciones en las que no se nos respeta, sensación de ser invadido.

- **Trastornos digestivos:** arrepentimiento por malas decisiones y consecuencias difíciles de soportar, conflictos no digeridos.

- **Enfermedades autoinmunes:** conflicto interior, confusión intuitiva.

- **Tumores o quistes:** sufrimientos demasiado enterrados que no se pueden verbalizar ni liberar.

- **Problemas respiratorios:** sensación de opresión, ansiedad sin salida.

- **Trastornos del apetito:** pérdida de alegría o de alineación.

Cada animal tendrá su propia forma de manifestar y materializar las cosas que debe trabajar con su compañero humano. No olvidemos que el trabajo es bilateral: al experimentar la enfermedad, el animal también libera su propio karma y sus propias heridas.

EL REFLEJO DE LOS CUERPOS INVISIBLES

Un animal con un comportamiento inusual o reacciones extrañas puede, aparte de una razón puramente médica, poner de manifiesto un bloqueo profundo que siente y que absorbe en el hogar o con respecto a su compañero.

EL HOGAR

Tu animal de compañía puede reaccionar cuando algo en el hogar le perturba, y las razones pueden ser múltiples:

- si el animal siente un problema de cohesión o disputas frecuentes e intensas;
- si hay muchas cosas sin decir;

- si la alegría ha desaparecido y los miembros del hogar están perdidos;
- si percibe una falta de alineación o comportamientos desviados;
- si siente o es testigo de violencia física o moral;
- si una persona abandona el hogar o se incorpora a él;
- si las energías del hogar son nefastas y le hacen perder su vitalidad y energía.

EL CUIDADOR

Cuando su cuidador no se encuentra bien, el animal siente angustia. No lo olvidemos, él se encarna para ayudar a su compañero de viaje y facilitarle la vida, por lo que, cuando se siente impotente y no sabe cómo despertar la conciencia de su humano, comienza a adoptar comportamientos inusuales. He aquí una lista.

Animal agitado, nervioso: pretende mostrarle a su compañero que está demasiado estresado o tenso, que se presiona demasiado y que su comportamiento no es productivo.

Su mensaje: conéctate más con tu intuición y aquieta tu mente para evaluar tus verdaderos sentimientos. Permanece en el momento presente.

Animal temeroso: pretende mostrarle a su amigo humano que no tiene una seguridad interior sólida y que eso le hace presa de una gran inestabilidad.

Su mensaje: *no temas más ser rechazado ni establecer tus límites. Enfréntate a lo que te molesta para recuperar tu poder.*

Animal agresivo: pretende mostrarle a su humano que no se hace respetar y que no consigue exteriorizar su ira.

Su mensaje: *no soportes más situaciones injustas y expresa lo que no es justo para imponer tus necesidades.*

Animal apático: pretende mostrarle a su humano el estado de agotamiento emocional o físico, o incluso la depresión invisible.

Su mensaje: *es hora de que te cuides y dejes de esconder la cabeza como un avestruz. La situación no es normal y hay que hacer algo.*

Animal con dependencia afectiva: busca mostrarle a su humano la necesidad de amor que le gustaría satisfacer y el profundo sentimiento de soledad que experimenta.

Su mensaje: tienes derecho a reclamar amor y atención. Y tienes derecho a querer ser amado incondicionalmente.

Animal ruidoso: exhorta a su humano a existir y a ocupar su lugar, para atreverse a expresarse, independientemente de su tamaño, y dejar de acumular frustración.

Su mensaje: tienes derecho a ser escuchado, aunque creas que no es legítimo. Atrévete a decir lo que sientes a los demás.

Animal provocador: pretende mostrarle a su humano que no está alineado y que sus acciones no son coherentes.

Su mensaje: mira, si yo también empiezo a actuar sin sentido y a hacer cualquier cosa... ¿No prefieres que sea tranquilo y reflexivo?

Animal evasivo: pretende mostrarle a su humano el comportamiento evasivo que adopta y su incapacidad para afrontar sus problemas.

Su mensaje: no estás obligado a rechazarte, como si no tuvieras valor, buscando ser invisible. Ámate y acepta profundamente quién eres.

Animal celoso: pretende mostrarle a su humano sus inseguridades emocionales y su falta de equilibrio en el control de las cosas.

Su mensaje: déjalo ir, lo que es tuyo será tuyo, y lo que desaparece de tu vida no estaba destinado a quedarse.

Tu animal puede tener dos tipos de comportamientos espejo: los comportamientos relacionados con su personalidad intrínseca, que reflejan el bloqueo o el trabajo que debe realizar su compañero de manera global, y los comportamientos temporales que pueden despertar durante un período en el que el animal desea transmitirte un mensaje específico.

La personalidad general del animal no se puede modificar. Como mucho, puede suavizarse con el tiempo y la edad. Sin embargo, el animal se encarna durante un periodo de vida que corresponde al espacio-tiempo que tú necesitas para aprender y evolucionar en relación con lo que él representa. Por ejemplo, una persona que tiene un perro miedoso que vivirá ocho años experimentará durante ese tiempo un trabajo sobre su capacidad para afirmarse y establecer sus límites. En otros ámbitos de su vida, probablemente se verá envuelta en otras situaciones similares que se presentarán de otras formas para perfeccionar la lección.

Por el contrario, los comportamientos inusuales pueden volver rápidamente a la normalidad una vez que el humano comprende el mensaje y modifica sus acciones y su comportamiento.

¿Qué pasa si no consigues modificar un comportamiento?

Tu animal no espera que seas productivo. Es consciente de que vuestro trabajo en pareja se extiende a lo largo de varios años y, aunque a veces pueda sentir frustración por no conseguir guiarte mejor, entiende perfectamente que tu camino está plagado de obstáculos y cosas difíciles de superar. Su amor por ti supera cualquier forma de expectativa y resentimiento.

No te presiones, todo se hace de forma divina, como un niño que crece y adquiere las diferentes etapas de su evolución con el paso del tiempo.

2. El guardián energético

Otro de los papeles principales de tu animal de compañía es limpiar y proteger tu hogar.

Vibratoriamente, están más conectados que los humanos. Purifican, drenan y limpian todo lo que pueda perturbar la armonía del hogar.

Los animales tienen un don innato para sentir y detectar los cambios de energía o la presencia de entidades.

Por eso, a veces, puedes sorprenderlos mirando fijamente o ladrando a un punto concreto del techo o de una esquina de la casa.

Tienen la capacidad de percibir:

- las entidades (personas fallecidas relacionadas con el hogar, almas errantes);
- las energías nefastas (emociones pesadas, magia negra, egrégores de negatividad);
- los recuerdos o memorias de sufrimiento relacionados con un lugar.

Sus reacciones, especialmente cuando se agitan, ladran, maúllan o se muestran recalcitrantes ante una persona o un lugar, no son insignificantes: sienten lo que está oculto, lo que es difícil de percibir.

Ante una entidad y, según su categoría, cada uno aporta una ayuda específica.

Los gatos

Los gatos son conocidos por ser maestros espirituales muy conectados. Limpian y purifican las energías del hogar a lo largo del día y, a cambio, necesitan mucho tiempo para anclarse (salir al exterior) o dormir para regenerarse.

También cuidan a las personas del hogar cuando sienten que hay algo demasiado pesado de llevar: se posan en la parte del cuerpo de su guardián afectada por el bloqueo y pueden emitir un ronroneo. Lo que puede parecer un momento de ternura es en realidad una limpieza energética que consideran necesaria.

¡El ronroneo del gato es un tratamiento en sí mismo! Vibra a una frecuencia de entre 25 y 150 Hz, lo que le permite actuar sobre el sistema nervioso de los humanos calmando el estrés y la ansiedad.

Navega según lo que considera más urgente limpiar, ya sea una persona o un lugar, y se sentirá atraído de forma natural por los puntos de energía del hogar donde hay más trabajo por hacer. Por ejemplo, si suele dormir en la habitación de tu hijo mayor, puede concluir que considera que la energía del niño, así como la de su habitación, no es lo suficientemente alta. Para ayudarle en su tarea, puedes comunicarte con tu hijo e intentar averiguar si hay cosas que desconoces que le entristecen, le angustien o le enfaden, y purificar su habitación.

Una de las manías desagradables de nuestros pequeños compañeros de cuatro patas es arruinar nuestro sueño de manera inoportuna: les encanta colocarse a nuestros pies, en nuestra cama, ¡y a veces incluso nos dan un mordisco! La razón es simple: por la noche, estás desconectado de tu cuerpo físico y tu alma asciende a planos más elevados. Tu cuerpo etérico puede salir de tu cuerpo físico, así que tu compañero se coloca como guardián y te protege de posibles ataques energéticos maliciosos durante tu «ausencia».

De esta forma, tus viajes astrales y tu conexión con lo alto se vuelven más fáciles.

Los perros

Los perros no tienen la capacidad de transmutar las malas energías como lo hacen los gatos. Sin embargo, equilibran el hogar dispersando las malas energías ambientales mediante el anclaje y la alegría.

Emiten una energía de protección y paz que ejerce autoridad en el hogar: sin un perro, no estás para nada en la misma frecuencia vibratoria, ya que este eleva la vibración general del hogar con su presencia.

Ten cuidado, porque si los males son demasiado pesados o difíciles de soportar energéticamente para él, el perro puede enfermar (aparte de una condición puramente médica) y somatizar lo que no puede liberar en tu lugar.

Son los guardianes de las entradas del hogar y se encargan de impedir que las entidades o energías negativas entren por lugares estratégicos: ventanas, puerta de entrada, garaje.

Por cierto, puedes observar dónde se sitúan en la casa: siempre se colocan en un lugar que da directamente a la entrada, delante de la puerta principal o delante de la puerta de tu habitación por la noche.

Se toman muy en serio su papel, así que, si tienes la posibilidad de dejarles elegir el lugar donde se pueden acostar, permíteles colocarse en el lugar que intuitivamente reclaman, ya que tienen una intención muy concreta en mente.

Su mayor cualidad no es la transmutación energética que pueden realizar en caso de emergencia (que *a posteriori* les exige demasiado tiempo de recuperación), sino más bien la transmutación emocional: te solicitan en cuanto sienten un exceso, a veces incluso mucho antes de que te des cuenta.

Cuando era más joven, mi perra Kenya y yo vivíamos en un pequeño apartamento de dos habitaciones a las afueras de Lyon. Entonces yo era azafata y mis jornadas eran muy largas: a veces podía estar fuera doce horas seguidas. Kenya sabía que la sacaban a pasear al menos dos horas al día, pero a veces su comportamiento me exasperaba cuando volvía de un «*levée tôt⁴*».

En cuanto llegaba, me metía directamente en la ducha y luego la sacaba sin echarme la siesta, hasta que sentía que estaba agotada. A veces, durante la tarde o la noche, su actitud era febril. Me sostenía la mirada y me desafiaba, o se movía nerviosamente a mi alrededor, como si nunca la hubiese sacado a pasear. Al final, me molestaba su alboroto y la sacaba al jardín, pensando que seguía necesitando gastar su energía.

Kenya era una perra muy torpe, excepto durante los paseos, en los que se divertía y jugueteaba. El resto del tiempo en casa, dormía o se tumbaba desde la tarde hasta la mañana siguiente.

No fue hasta unos años más tarde que conseguí hacer la conexión de que Kenya no necesitaba nada. En cambio, quería transmitirme un mensaje: «*Estoy aquí y veo que no estás bien. Pero soy un perro y me siento impotente, así que me muevo y me agito con la esperanza de que lo entiendas*».

Acabé comprendiendo que cada vez que mostraba una actitud pegajosa y opresiva era cuando yo misma estaba

---

⁴ Programa de vuelo que comienza a las 6 de la mañana e incluye cuatro vuelos consecutivos.
En español se podría traducir como «turno de mañana». (*N.de la T.*)

emocionalmente desbordada. Captaba mi estado interno y quería ayudarme, pero yo estaba demasiado nerviosa o contrariada, así que la alejaba de mi entorno, porque añadía irritación al resto de mis emociones.

Una vez que comprendí su mensaje, dejé de pensar en ello cuando ella actuaba así y le permití «ayudarme».

Simplemente, en primer lugar, la cogía entre mis brazos para que pudiera «absorber» parte de mi malestar y calmar y regular mi sistema emocional en pocos minutos, y luego reconectándome con el momento presente, imitando sus energías de maestra silenciosa, como verán en el punto número cuatro.

Los pájaros

Los pájaros, al igual que los perros, no tienen la capacidad de transformar a las propias entidades, pero contribuyen a elevar el nivel vibratorio general de la casa gracias a su canto.

Los cuidados que emiten vibran de manera que cristalizan las ondas buenas y crean un egrégor positivo. Cuantos más pájaros hay, más protegido y elevado está el lugar.

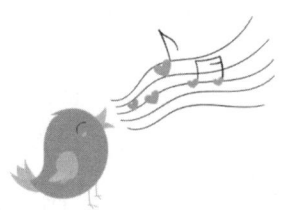

Pueden percibir las entidades o los cambios bruscos de energía, y lo hacen saber mediante un estado más silencioso o, por el contrario, mediante gritos agudos e inusuales.

3. El pilar familiar

Los animales aportan una presencia significativa a las personas que viven solas y también desempeñan un papel moderador en el interior del hogar cuando residen varias personas:

- el perro puede ladrar o mostrar su desacuerdo interponiéndose entre dos personas que discuten;

- el animal puede pegarse o lamer a los habitantes para reconfortarlos e intentar calmar la ira o el resentimiento y así reducir la tensión;

- puede seguir a un niño allá donde vaya, o a un adolescente que esté pasando por un momento emocional difícil, para acompañarlo;

- puede hacer travesuras para distraer a los habitantes preocupados o que están demasiado centrados en lo mental;

- reúne las dos partes de una familia reconstituida en una sola entidad familiar fuerte;

- compensa la soledad o la decepción de las personas que viven solas ofreciéndoles un poderoso apoyo afectivo.

Es una presencia tranquilizadora y perpetua, tanto de día como de noche, que mantiene la cohesión y la vibración del hogar.

4. El guía espiritual

¡Según el tipo de animal que tengas, puedes, sin siquiera darte cuenta, disfrutar de clases de espiritualidad gratuitas y en casa! No lo vemos, pero al igual que un niño que copia en la escuela lo que ve en su casa, nuestro animal de compañía influye en nuestra percepción de la vida y en nuestra relación con los demás. Al encarnar poderosas lecciones espirituales, nos influye de manera inconsciente para que trabajemos para ser más sabios.

Podemos enumerar cinco grandes enseñanzas invisibles que nuestros animales comparten con nosotros y sobre las que nos impulsan a evolucionar.

La gratitud

Su gratitud hacia ti es infinita, y te quiere y te venera por los cuidados que le proporcionas: comidas garantizadas, un techo bajo el cual dormir calentitos o incluso atención médica. Son conscientes de la suerte que tienen de disfrutar de vuestra protección y vuestro amor, y os lo agradecen.

Los gatos y los perros «agradecen» cuando les dejáis paté o croquetas de forma no verbal, entrelazándose entre vuestras piernas o moviendo la cola.

Su agradecimiento también puede adoptar formas más originales, como los famosos ratones que caza tu gato para ti y que luego te deja en tu cama. En realidad, te están agradeciendo tu ayuda. También puede tratarse de lametones y de la excesiva cercanía de algunos perros hacia su compañero humano.

Su gratitud es intemporal, ya que, incluso después de su muerte, sus almas siguen velando por ti. Incluso pueden utilizar al nuevo perro como canal para transmitir mensajes. Los dos animales trabajan en sinergia: uno de forma más terrenal y el otro más energética.

Lección del animal al humano: «Siento gratitud por cada gesto que hacía hacia mí. Estoy agradecido por poder jugar, comer, acurrucarme contigo y eso me hace profundamente feliz».

Repercusión inconsciente en el humano: «Siento gratitud por cada cosa que me hace feliz cada mañana: tomar un café caliente o dar un paseo. Siento que mi vibración se eleva ante la oportunidad de recibir. Doy las gracias a quien trabaja para mí con el corazón, merece mi atención y mi reconocimiento, porque sus intenciones son puras».

El amor incondicional

Si hay algo que se puede asociar a los animales es su capacidad de amar incondicionalmente. A tu gato no le importan tus arrugas y tu loro ni siquiera se dará cuenta de tus diez kilos de más ni de tu *look* colorido que tu cuñada ha calificado de «psicodélico».

¿Eres colérico y desordenado? ¿Eres torpe o siempre llegas tarde? ¡A ellos les da igual! Nuestros compañeros peludos nos aman con todas nuestras imperfecciones. No quieren convertirnos en otra persona, no quieren que seamos más delgados, bronceados, productivos o inteligentes. No, simplemente nos aman.

Los animales de compañía nos dan la oportunidad de experimentar la fuente más pura de amor incondicional en la Tierra. Nos quieren, independientemente de nuestra actitud, nuestro físico, nuestra religión o nuestras acciones. No buscan esclavizarnos, controlarnos o dirigirnos. Quieren lo mejor para nosotros. Su lealtad no tiene límites. No cambian de opinión ni retiran su amor ante la primera tormenta. Su amor es duradero y estable.

Lección del animal al humano: «Te quiero tal y como eres, porque ya eres perfecto. No necesito que hagas nada por mí, porque mi amor es incondicional. No tiene límite de tiempo ni fronteras».

Repercusión inconsciente en el humano: «Puedo ser amado y recibir afecto sin tener que esconderme ni disfrazarme. Puedo ser amado por lo que soy y no por lo que hago».

El momento presente

La tercera lección que nos enseñan trata del derecho a disfrutar de la vida sin preocupaciones. No experimentan lo mental como los humanos, por lo que nunca se debaten entre las vacilaciones del pasado o las angustias del futuro. Su atención se centra únicamente en el momento que están viviendo: un sonido, una manta suave o un rayo de sol... Disfrutan de cada cosa en todo momento.

Cuando sienten una emoción molesta, esta proviene bien de la percepción de un humano, bien de un elemento perturbador que los desestabiliza (tormenta, estrés, ataques o peligro). Pero, en general, nunca se desconectan del momento presente.

Como hemos visto, los perros y los gatos son especialmente buenos para enseñarnos a anclarnos en el momento presente, y estas son sus formas de hacerlo:

- te invitan a jugar cuando quieren insuflar buena energía;
- descansan cuando están cansados, sin listas de tareas pendientes que completar y sin sentirse culpables. Te invitan a ti también a ralentizar el ritmo y a descansar;
- comen hasta saciarse y beben cuando tienen sed;

- disfrutan de las interacciones sensoriales, como el canto de un pájaro o el vuelo de un papel, el susurro de una hoja o una caricia.

  Lección del animal para el humano: «¡Mira lo feliz y apaciguado que estoy! El ayer quedó atrás y el mañana aún está lejos. Vivo cada segundo tal y como viene, y nada perturba mi bienestar».

  Repercusión inconsciente en el humano: «Los días están llenos y a veces son difíciles, pero la felicidad está ahí, ante mis ojos y sin florituras. Puedo decidir mejorar mi día simplemente prestando atención al momento presente».

La alegría

Los animales, gracias a su espontaneidad y candidez, aportan mucha alegría al hogar. El amor que transmiten, junto con el asombro constante por su entorno, hace que su felicidad sea contagiosa: ¿quién no ha soñado alguna vez con tirarse como su labrador en un charco gigante cuando llueve?

Al reconectarnos con la alegría, los animales abren la puerta de nuestro niño interior, a veces perdido de vista desde hace mucho tiempo. Nos invitan a divertirnos, a dejar de lado la rigidez mental y los miedos para vivir, disfrutar y experimentar lo que nos da alegría.

Modifica tu perspectiva y visualiza, al igual que ellos, el lado positivo de las cosas: *«La pereza de sacar al perro a pasear»* se convierte entonces en *«La oportunidad ideal para mover el cuerpo y despejar la mente»*. *«¿Qué más podemos preparar para comer?»* se convierte en *«¡Qué suerte tengo de poder comer hasta saciarme!»,* al observarlos lanzarse sobre su comedero, a pesar de que comen lo mismo todos los días.

También nos invitan a verbalizar nuestra alegría a través de nuestro cuerpo físico: correr, brincar, dar saltos de alegría, dar la pata o frotarnos contra el otro. Nos recuerdan lo importantes que son estas pequeñas acciones para mantenernos alineados y felices.

Lección del animal para el humano: *«¡Mira cómo la alegría es omnipresente y constante! La encuentro en las cosas más insignificantes y la celebro con avidez y pasión».*

Repercusión inconsciente en el humano: «La vida es bella, hay que disfrutarla y ser feliz. No necesito nada más para elegir la felicidad en este preciso instante. Soy dueño de mi moral y mi estado de ánimo».

El perdón

Una de las principales cualidades de un animal es su capacidad de perdonar. ¿Cuántos perros maltratados siguen adorando a su cuidador, a pesar de todo y esperan en lo más profundo de su corazón que cambie sin abandonarlos nunca?

Al animal no le importa que ayer se te olvidara sacarlo a pasear, o que no le saludases y pusieses mala cara al volver a casa por la noche: te quiere y te perdona que falles a veces.

Los animales no guardan rencor, ya que no tienen ego como nosotros: no tienen orgullo ni proyecciones sobre la relación con su humano. Aceptan la redención si es sincera y perdonan sin vacilar.

Esta capacidad de no darle vueltas el pasado les da la flexibilidad de no traer nada del pasado en cuanto a venganza o malos pensamientos. En cambio, pueden conservar recuerdos de sufrimiento, pero más bien dirigidos hacia sí mismos. Las consecuencias que se derivan de ello pueden ser miedo, estrés, ansiedad o desconfianza, pero no son vengativas.

Lección del animal para el humano: «Perdona y serás libre. Aférrate a tu sufrimiento y a tu dolor, y serás prisionero. Libérate del rencor y calma tu corazón».

Repercusión inconsciente en el humano: «La mayor lección, cuando alguien me hace daño, no es vengarme o intentar perjudicarle, sino seguir adelante y perdonar. No por el otro, sino por mí mismo».

LOS ARQUETIPOS ESPIRITUALES POR TIPO DE ANIMAL

Cada tipo de animal encarna una faceta y un trabajo diferentes. Cada individuo puede sentir atracción o aversión por un tipo concreto, en función de lo que tengas que trabajar. A continuación, te he hecho una lista con las familias de animales más comunes. Si tu animal no figura en la lista, comprueba con qué categoría coincide más. Por ejemplo, si tienes arañas, su energía se asemeja a la de los reptiles.

El perro

El guía de la lealtad y del amor incondicional.

Características: fiel, protector, afectuoso, siempre orientado hacia el ser humano, dependiente.

Misión espiritual:

- reparar la confianza (en sí mismo y en los demás);
- sanar las heridas del abandono o el rechazo;
- aprender a recibir amor incondicional;
- trabajar la presencia, la encarnación, el instante.

El gato

El guía de la independencia y de lo invisible.

Características: autónomo, intuitivo, silencioso, misterioso.

Misión espiritual:

- recuperar la soberanía personal;
- aprender a establecer límites y respetar los de los demás;
- reconectarse con la espiritualidad interior;
- liberar las energías estancadas del hogar.

El caballo

El guía de la libertad interior y del impulso vital.

Características: noble, sensible, poderoso, espejo emocional muy fino.

Misión espiritual:

- liberar el control y el miedo a dejar ir;
- equilibrar el instinto y la sabiduría;
- trabajar la alineación entre el cuerpo, la emoción y la intención;
- canalizar su sensibilidad.

El conejo y los roedores

Guías de dulzura y vulnerabilidad.

Características: frágiles, dulces, muy sensibles al ambiente, tranquilizadores.

Misión espiritual:

- aprender la ternura y la delicadeza;
- sanar al niño interior herido;
- permitirse ser vulnerable y pedir cuidados.

Las aves

Las guías de la elevación y la sabiduría.

Características: libres, sonoras, observadoras del mundo, perspectiva y visión de un plan mayor.

Misión espiritual:

- desprenderse de la mente o de las cargas emocionales;
- dar perspectiva a las creencias limitantes;
- trabajar la voz, la comunicación, la libertad de expresión;
- liberarse de las cadenas y permitirse vivir.

Los reptiles

Los guías de la sombra y la transmutación

Características: tranquilos, fríos, simbólicos, poco expresivos.

Misión espiritual:

- enfrentarse a los miedos inconscientes o a la parte oscura;

- salir de los caminos trillados, encarnar una nueva era;
- inspirar una transformación profunda sin miedo a dejar atrás lo antiguo y lo obsoleto.

Según las etapas de tu vida y tu evolución, puedes llegar a experimentar uno o varios tipos de arquetipos animales. Ahora puedes descubrir en qué energías de experimentación y de enseñanza te encuentras.

Parte 4
Cuidar de tu animal de compañía

A lo largo de su vida tu animal de compañía, al igual que tú, necesitará satisfacer sus necesidades para sentirse equilibrado y sereno. Para cada categoría, deberás asegurarte de que se respeten su integridad física, energética, mental y emocional.

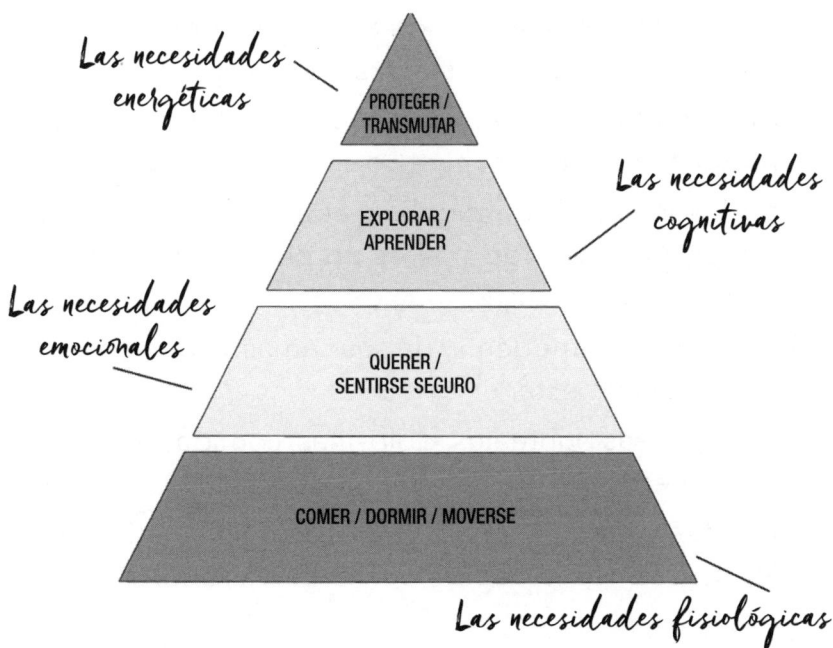

Las necesidades energéticas — PROTEGER / TRANSMUTAR

EXPLORAR / APRENDER — Las necesidades cognitivas

Las necesidades emocionales — QUERER / SENTIRSE SEGURO

COMER / DORMIR / MOVERSE

Las necesidades fisiológicas

Aquí tienes una lista de las principales necesidades por categoría.

LAS NECESIDADES FISIOLÓGICAS

Las necesidades fisiológicas se encuentran en la base de la pirámide, ya que son las necesidades básicas que le permiten a tu animal de compañía mantenerse con vida y en buen estado de salud. Se trata de:

- paseos regulares, con el fin de regular su sistema nervioso y su estrés, y para que pueda anclarse y desahogarse;
- una alimentación adecuada a su edad, pero también a las particularidades de su raza o fisiológicas;
- agua en abundancia, ya que el agua hace circular la energía y mantiene el cuerpo en buen estado;
- condiciones de vida dignas y adaptadas a sus necesidades (refugio exterior si es un perro friolero, manta, ventilación en la casa);
- limpieza del comedero y de sus camas, orden en la casa o en la sala de estar;
- recompensas puntuales: golosinas, comidas más elaboradas, premios;
- juguetes y peluches para desarrollar su creatividad, su alegría y su necesidad de descargar las energías estancadas.

	Lunes	Martes	Miércoles	Jueves	Viernes	Sábado	Domingo
Paseos							
Alimentación							
Agua							
Vida ordenada							
Limpieza							
Recompensa							
Juguetes							

Tabla para rellenar de las principales necesidades fisiológicas de los animales de compañía.

LAS NECESIDADES ENERGÉTICAS

Las necesidades energéticas pueden pasar desapercibidas para las personas que no son sensibles a la espiritualidad, pero constituyen una parte importante del bienestar de su animal de compañía.

El respeto de sus sentimientos

Si, por ejemplo, a pesar de tus reprimendas y tus intentos de que tu perro duerma en un lugar concreto, este se niega y siempre se escabulle a otro lugar, respeta esta necesidad, ya que, según la ubicación, puede sentir corrientes de energías pasadas y ser incapaz de pegar ojo, ya que «percibe» todas las fluctuaciones.

Nunca obligues a tu animal de compañía a permanecer en un lugar si ves que ladra continuamente o si su actitud es febril. Si adoptan una actitud rebelde, a menudo hay una razón importante detrás. Es posible que una entidad o un egrégor de energía lo incomode o lo asuste. Por mucho que asuman el papel de guardianes, también tienen sus propios miedos y traumas.

Ya sea por razones de salud, de energía o de emociones, los animales tienen un gran control sobre sí mismos. Si actúan de forma inusual, procura comprender por qué.

El respeto de su necesidad de descanso

Tu animal trabaja y se esfuerza por el buen funcionamiento del hogar, pero a veces se agota por el exceso de energía. Nunca le obligues a dar un paseo o a jugar si ves que está cansado o en fase de recogimiento.

La verbalización de los movimientos del hogar

Quizás no te parezca útil avisar a tu compañero de una próxima mudanza o explicarle por qué tu excónyuge, al que veía desde hacía meses en casa, no volverá nunca más, pero esto puede generar tensión en tu animal por falta de claridad. Son capaces de entender que algo no va bien, pueden percibir tu tristeza, tu sufrimiento y los cambios, pero no entienden lo que está pasando. Esta tensión energética puede desestabilizarlos, ya que pierden la sensación de seguridad habitual. En la sección «Ejercicios guiados con tu animal de compañía», encontrarás un ejercicio lúdico para tranquilizar a tu animal comunicándole con claridad los acontecimientos que se salen de su rutina diaria.

La acumulación de malas energías

Cuando absorbe muchos residuos energéticos nocivos, el animal, si no tiene la capacidad de deshacerse de ellos (como el perro, por ejemplo), puede que no encuentre la paz en su cama o en el espacio donde vive. Muy sensible a las fluctuaciones, se sentirá oprimido y agobiado por el nivel vibratorio. Piensa en purificar tu casa o apartamento, especialmente su cama o el lugar donde descanse más.

La necesidad de anclaje

Más allá de la apariencia trivial del paseo, que sirve para que tu animal se desahogue físicamente, se esconde en realidad una fuerte necesidad de anclaje. El anclaje le permite permanecer conectado a las energías telúricas y descargar el exceso acumulado de su humano o del hogar. Es como una limpieza energética en la que «lava» lo que se le pega a la piel.

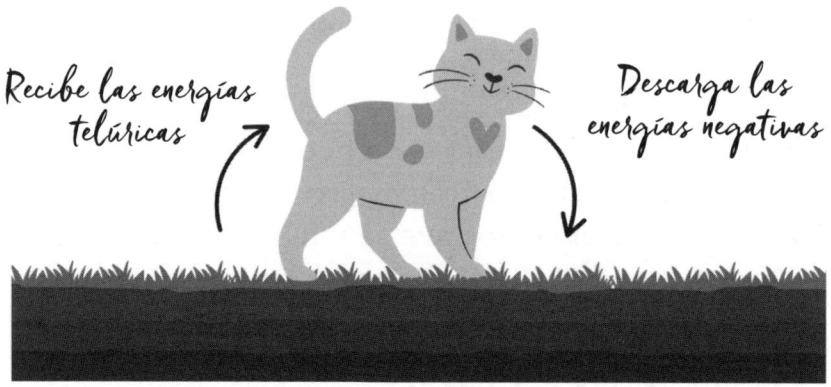

Recibe las energías telúricas

Descarga las energías negativas

La protección energética

Tu animal te protege y vela por que no haya intrusos en el hogar, pero ¿quién se ocupa de su protección? Aunque los animales tienen su propia forma de protegerse y limpiarse, puedes acompañarlos purificando su lugar de descanso y realizando regularmente el ejercicio de la burbuja protectora, detallado en la parte 5.

Las herramientas energéticas a su disposición

Nuestros compañeros de cuatro patas también tienen la posibilidad de trabajar con herramientas energéticas para facilitar su encarnación y su vida cotidiana.

La comunicación animal

Esta práctica te permite comunicarte con tu animal a través de un terapeuta especializado. El terapeuta utiliza la telepatía y la intuición para hablar y canalizar los mensajes y comunicarse con el alma del animal. También te da la oportunidad de hacer preguntas y dilucidar puntos conflictivos relacionados con la relación, con claves espirituales que hay que comprender o con la vida cotidiana en general. Esto también puede ayudar a comprender y resolver un comportamiento perjudicial o una actitud inusual.

Cuando vivía en Toulouse, acogí temporalmente a un gato al que llamé Paco, hasta que uno de mis vecinos le encontrara un nuevo cuidador. Este gato grande, blanco con rayas grises, era adorable y cariñoso, y mi perra Kenya estaba emocionada y rebosante de alegría por tener un nuevo compañero. Paco había adquirido la costumbre de hacer pis en mi cama todos los días. Agotada por la logística que esto suponía, decidí recurrir a una comunicadora animal. Le envié una foto del animal y su nombre, y le pedí que me transmitiera sus mensajes sobre este comportamiento. Entonces se conectó con él y me envió por correo electrónico el contenido de su conversación: *«Me dijo que estaba muy alterado por todos estos cambios y que te estaba muy agradecida por haberlo acogido. Además, me explicó que orinaba en la cama porque no se sentía seguro en la suya. Estaba en el suelo, de espaldas a la puerta, y el hecho de no poder ver si Kenya iba a aparecer de repente le causaba estrés emocional. Sentía mucho darte trabajo, le apenaba enormemente, y me confirmó que no tenía miedo de que tu perra le hiciera daño, porque sabía que no tenía malas intenciones, pero que ya le había mordido un perro una vez y que le tenía pánico».* Me quedé de piedra al enterarme de eso. Recordaba con culpa todas las veces en las que había permitido que Kenya se acercara a él para que «se conocieran» durante esos quince días. Ese mismo día cambié la cama, que, efectivamente, estaba en el suelo y de espaldas a la puerta, y le dejé una habitación para él solo para que pudiera descansar tranquilamente.

Como era de esperar, no volvió a orinar durante el tiempo que permaneció en mi casa[5].

El magnetismo

Los animales son muy sensibles al magnetismo, que puede ser útil para aliviar dolores o trabajar sobre traumas no superados. Los profesionales suelen trabajar con fotografías. Nuestros amigos de cuatro patas también tienen chakras y cuerpos energéticos. Su sistema puede verse alterado o desequilibrado por acontecimientos traumáticos, cambios en el hogar o perturbaciones energéticas relacionadas con los miembros de la familia.

---

[5] Para este tipo de servicios, yo personalmente recurro a Élodie Caignet, cuya cuenta de Instagram es @primalkeys.

Una sesión de magnetismo permite limpiar el exceso de energías estancadas y calmar las emociones que no pueden evacuar por sí mismos.

Los cuidados "medeóricos"

Cuando empezaba la aventura de *Médéores d'Ankaa*[6], no imaginaba que algún día ofrecería también cuidados para animales.

Cuando mi perra Kenya atravesaba por momentos emocional y energéticamente más difíciles que otros, solía programarle un tratamiento de apoyo.

Los cuidados medeóricos son tratamientos programados por temáticas, que a continuación se liberan en una joya que la persona lleva consigo para facilitar el vínculo entre lo material y lo invisible. Para los animales es lo mismo, con la diferencia de que su conexión fluida con lo invisible les permite no llevar la joya todo el tiempo.

Consejos para utilizar el tratamiento en perros

Te aconsejo que primero realices el ejercicio de la «opción papel» (véase el ejercicio en la página 104) para preguntarle qué tratamiento cree que más necesita.

---

[6] La autora ha creado un concepto único de joyas energéticas que actúan sobre la liberación de bloqueos de la memoria celular: www.lesmedeoresdankaa.fr

Cuando la recibas, purifica la joya y su cama o la habitación en la que pasa la mayor parte del tiempo, y luego ata la joya a su collar.

Tu animal sentirá rápidamente el tratamiento relacionado con los chakras y esto reactivará su energía vital. Posteriormente, el tratamiento relacionado con los bloqueos de la memoria celular llevará más o menos tiempo según el problema del animal. El tratamiento finaliza cuando la joya se rompe o el animal la pierde.

Consejos para utilizar el tratamiento en gatos

Al igual que con los perros, te recomiendo que primero hagas el ejercicio de la «opción papel» para preguntarle qué tratamiento cree que más necesita. En el caso de los gatos, haz pequeñas bolas de papel para ver cuál atrae más a tu animal de compañía.

Puede ser peligroso dejarle el collar puesto a tu gato, por lo que existe una solución alternativa para que se conecte con el tratamiento.

Cuando la recibas, purifica la joya junto con su cama o la habitación en la que pasa la mayor parte del tiempo, y luego atrae su atención con la joya dejándole que se acerque a ti. El objetivo es que tu gato «juegue» con el tratamiento para conectarse con él. Puede olerlo, lamerlo, jugar con él o ronronear. Dale el tiempo necesario para que acepte el cuidado a su ritmo.

A continuación, coloca la joya en un lugar donde puedas verla con regularidad: en su cama, colgada a la vista en el lugar donde duerme la mayor parte del tiempo, junto a sus comederos, etc.

El gato, por su naturaleza muy conectada e intuitiva, tiene una facilidad natural para recibir el cuidado.

Tu animal de compañía sentirá rápidamente el efecto del tratamiento relacionado con los chakras, lo que reactivará su energía vital. A continuación, el tratamiento de los bloqueos de su memoria celular llevará más o menos tiempo según su problema. El tratamiento finaliza cuando la joya se rompe o el animal la pierde.

Consejos para utilizar el tratamiento en aves o roedores

En este caso, también te aconsejo que primero realices el ejercicio de la «opción papel» para preguntarle cuál es el tratamiento que cree que más necesita.

No es recomendable poner un collar a un ave o a un roedor. Al igual que con los gatos, existe una solución alternativa para que puedan conectarse con el tratamiento.

Cuando la recibas, purifica la joya y la jaula o la habitación en la que tu ave o roedor pasa la mayor parte del tiempo, y luego cuelga el mosquetón de la barra de la jaula de manera que quede fuera de ella, para evitar que el animal lo dañe.

Las aves, por su naturaleza vibratoria muy elevada, sentirán inmediatamente la presencia del tratamiento. No te preocupes si tu animal reacciona vivamente (gritos, aleteos, agitación): es simplemente porque percibe instantáneamente las energías. Según su sensibilidad, el tratamiento puede resultar un poco perturbador. En ese caso, deja la joya solo treinta minutos al día durante la primera semana y ve aumentando el tiempo poco a poco.

El tratamiento habrá terminado cuando la joya se rompa o se desprenda.

* * *

Hace apenas unas semanas, cuando la niñera de West no estaba disponible debido a su inminente parto, tuvimos que buscar un nuevo lugar para cuidarlo mientras estábamos fuera. Como todo el mundo, revisé reseñas en Internet y contacté con varias personas. Visité las residencias caninas y, basándome en lo que sentía, evalué a las personas que cuidarían de mi pequeño.

Las primeras interacciones fueron horribles: en cuanto llegué, tuve la fuerte sensación de que ahí no estaría bien. Visité el lugar por cortesía, pero no investigué más. Finalmente, encontré una residencia canina muy bien valorada en el campo, y los dueños parecían amables. Durante mi visita, West parecía estar adaptándose bien. Jugaba y se divertía con los demás residentes. Me tranquilizó, así que lo registré para cuando nos fuéramos.

Después de las vacaciones, lo recogimos en cuanto la residencia abrió sus puertas. Recogí a West en un estado inusual: estaba frenético y brincando en el maletero del coche (aún no había cumplido diez meses y no podía subirse al maletero, que está elevado). Ni siquiera nos hizo mimos. Al llegar a casa, la situación empeoró: estaba apático y completamente apagado. Me dije que probablemente estaría cansado y desorientado por nuestra ausencia y esperé que mejorara al día siguiente. Al día siguiente, su estado no había mejorado; peor aún, parecía debilitarse cada hora. Estaba desolada y me preguntaba qué habría pasado.

Contacté inmediatamente con Élodie para una sesión de comunicación animal, y nos atendió urgentemente esa misma tarde. West se presentó ante ella, feliz y aliviado de que por fin alguien viniera a hablar con él. Su historia fue desgarradora: explicó que ahí se sentía fatal porque había demasiados perros (los propietarios nos habían dicho que solo habría dos perros por recinto, pero a veces había hasta cuatro). Estaban hiperactivos y ansiosos, y eso le ha agotado. No podía descansar y estaba en estado de vigilancia constante. También creía que lo habíamos puesto allí como castigo por haberse portado mal. Imagina cómo me sentí al oír eso... me llené de tristeza y culpa por no haber podido proteger a mi compañero fiel de esta experiencia. Programé inmediatamente una joya medeore para él, y en menos de 24 horas, su aura y expresión cambiaron: era como si se hubiera convertido de nuevo en el perro feliz y radiante que siempre habíamos conocido.

Aunque a veces minimizamos el impacto de lo que experimentan nuestros animales de compañía, este tipo de situaciones nos permite priorizar su bienestar en nuestro día a día. Es importante crear un «mapa de necesidades» para tu animal de compañía para asegurarte de que el lugar donde quieras dejarlo sea realmente adecuado para él.

LAS NECESIDADES EMOCIONALES

El aspecto emocional es muy importante, ya que el vínculo que compartes con tu animal de compañía os interconecta. Él siente lo mismo que tú y también necesita estar emocionalmente estable para acompañarte como es debido.

Un entorno seguro

Debe estar tranquilo y en silencio la mayor parte del día (incluso si hay ruido por la noche cuando toda la familia llega a casa; el animal puede descompensarse el resto de la noche o del día y encontrar cierto equilibrio, pero necesitará largos periodos de descanso para recuperarse). Si es posible, dale la posibilidad de encerrarse en una habitación sin que nadie le moleste cuando lo necesite. Debe tener un lugar donde retirarse y descansar cuando lo necesite.

Una rutina tranquilizadora

La vida cotidiana debe estructurarse en torno a los mismos hábitos: comidas, paseos, mimos, incluso si se añaden otras actividades, el animal necesita regularidad.

Rituales matutinos y vespertinos para reconocer la presencia de tu animal de compañía

A veces, sobre todo al despertar, solemos olvidarnos de darle los buenos días a nuestro animal por cuestiones logísticas (llegar tarde al trabajo, preparar a los niños), pero nuestro compañero empieza el día necesitando reconectar profundamente con su guardián después de pasar toda la noche separados. Dedicar unos minutos a hablar con él y tranquilizarlo puede transformar su día por completo. No olvidemos que percibe tu estrés y que las mañanas apresuradas lo ponen nervioso.

A continuación, encontrarás algunos rituales matutinos y vespertinos sencillos. Aunque parezcan obvios, no todos los hacen por su animal. ¿Te plantearías irte sin despedirte de tu pareja o de tus hijos? Nuestros animales de compañía, aunque silenciosos, también necesitan reconocimiento y gratificación.

RITUAL MATUTINO

- Dale los buenos días a tu animal en cuanto lo veas en una habitación (no lo ignores mientras esperas a terminar una tarea o te preparas para salir).
- Acarícialo, permitiéndole expresar su alegría por volver a verte.
- Dile palabras tranquilizadoras como *«Te quiero mucho»* u *«¡Hoy te voy a echar de menos!»*.

- Repite siempre las mismas rutinas cada mañana (darle de comer, paseo, abrir las persianas) y deja que te acompañe al empezar el día.
- Dile que te vas y despídete de él.

RITUAL NOCTURNO

- Salúdalo en cuanto entres por la puerta.
- Comprueba que su comedero y bebedero estén llenos.
- Tómate un momento antes de acostarte para hablar con él y acariciarlo.
- Habla con él de su día, por ejemplo: *«Hoy te has portado muy bien, te lo agradezco»*.
- No dudes en repasar tu estado emocional: *«Estoy cansado esta noche»*, *«He tenido un día estupendo, estoy muy feliz»*.
- Dile que te vas a dormir y despídete de él.

Cohesión del grupo

Si tienes más de un animal de compañía, es fundamental garantizar que se entiendan bien entre ellos y evitar que los conflictos o desacuerdos se agraven, ya que esto puede perjudicar gravemente la salud mental y emocional del animal rechazado o aislado.

Inclusión total en el núcleo familiar

Es importante incluir a tu animal como un miembro más del hogar, invitándolo a salir en fotos familiares, a salir juntos y preparándole un regalo de cumpleaños o de Navidad como a todos los demás. El animal se siente parte integral de la familia y también necesita que se le reconozca y confirme su lugar mediante gestos simbólicos.

Los momentos de relajación aislados fuera de los rituales matutinos y vespertinos

Los animales de compañía necesitan pasar tiempo con su humano. Está conectada contigo kármica y profundamente. Estos momentos juntos le permiten lograr una «sincronización» emocional y energética para mejor sentir y conocer tu estado de ánimo. Esto también le permite recuperar su autoestima y su sentido de valía, ya que su misión principal es ayudarte. Si se siente incapaz de comprenderte o ayudarte, puede experimentar tristeza o depresión.

La observación continua

Cuidar de tu compañero también implica vigilar sus reacciones y comportamientos para detectar cambios en su estado físico que puedan deberse a un problema subya-

cente. A veces, podemos pasar por alto señales de incomodidad o angustia debido a la falta de atención hacia
nuestro animal de compañía.

Imponiendo el respeto colectivo

Por mucho que quieras a tu animal más que a nada en el
mundo, no todos los miembros de tu hogar tienen por
qué compartir ese sentimiento: un cónyuge insensible que
minimiza su rol («*Después de todo, es solo un perro*») o
niños hiperactivos que agobian o agotan al gato. Es tu
responsabilidad establecer límites estrictos con los miembros de la familia para garantizar el bienestar mental de tu
animal. Eres su único guardián en la tierra; dependen de
ti para su protección.

LAS NECESIDADES COGNITIVAS

Por último, tu animal de compañía también necesita ejer-
citar su cerebro y mantener una mente equilibrada:

- estimulación cognitiva a través del juego, texturas, soni-
  dos y olores;
- la posibilidad de explorar la naturaleza de diversas
  maneras (mar, lago, tierra, arena, hierba). Al reconectarte con tu niño interior, tu animal te anima a explorar,

descubrir y maravillarte constantemente con las cosas más pequeñas;

- los retos y desafíos ofreciéndole nuevas habilidades que puede adquirir mediante el entrenamiento. Cada vez que tu animal domine una habilidad, aumentará su autoestima;

- respeta su biorritmo: no sobreestimules a tu animal, con el pretexto de que es un perro de carreras o un gato muy juguetón. Observa su reacción y no lo fuerces, ya que, por lealtad, a menudo responderá favorablemente a tus peticiones, incluso si realmente no quiere salir a pasear o jugar.

LA *CHECKLIST* PREVIA A LAS VACACIONES

- Entregar el mapa de las necesidades de tu animal de compañía completa al alojamiento o a la persona que lo cuidará.

- Entregar su cartilla veterinaria.

- Dejar una cama o un objeto familiar.

- Al elegir el lugar, asegúrate de que las necesidades básicas de tu animal estén cubiertas según su personalidad (soledad, ruido, espacio).

- Verbalizar claramente tu partida, detallando dónde y con quién pasará el tiempo. Lo ideal es que conozca a la persona antes.

- Tranquiliza a tu compañero fiel diciéndole que no es un castigo y que volverás a por él.

- Reserva tiempo el día de la partida al igual que el día de la recogida para reconectar emocionalmente con él.

Parte 5
Ejercicios guiados
con tu animal de compañía

Tu animal se comunica contigo sutilmente a lo largo de tu vida, tus días, ¡e incluso durante tu ausencia! Y cuando conectas conscientemente con él, su felicidad alcanza su punto culminante. ¡Recuerda que vive solo para ti y que eres el centro de su mundo!

Aquí tienes algunos ejercicios sencillos que puedes hacer con tu animal para aumentar vuestra energía.

ANCLAJE EN SINERGIA

Objetivo: conectar de manera lúdica con la ayuda de tu animal de compañía.

Cuando hablamos de anclaje, solemos pensar que solo funcionan la meditación o la visualización; no obstante, tu animal es una herramienta fantástica para reconectarte con las energías telúricas.

Para este ejercicio, aprovecha cuando estés paseando o en el jardín (el mar, el océano o un lago también funcionan), apoya los pies en el suelo —si es posible, descalzo— y tómate el tiempo para jugar con tu animal. No establezcas reglas ni límites, solo vive el momento y diviértete con tu amigo animal.

El anclaje es sutil. Siendo una combinación de enraizamiento y del momento presente, este ejercicio te permitirá realinearte fácilmente en tan solo unos minutos.

BURBUJA DE PROTECCIÓN

Objetivo: Amplificar la protección innata de tu amigo animal.

En cuanto a la protección, ya viste un poco más arriba en este libro que tu animal filtra, protege y purifica muchas energías negativas de tu hogar. Dicho esto, puede ser beneficioso combinar vuestros esfuerzos para fortalecer esta protección.

Para este ejercicio, simplemente establece la intención de crear una burbuja protectora alrededor de los dos, luego abraza a tu animal y dibuja un círculo a vuestro alrededor que delimitará la burbuja. Visualízala abarcando completamente ambos cuerpos, de la cabeza a los pies.

Puedes convertir esto en un ritual diario para protegerte mejor de las bajas de energía.

Nuestro hogar es un espacio sagrado de seguridad y paz, protegido de todas las energías que no nos pertenecen.

LA OPCIÓN PAPEL

Objetivo: Saber cuáles son los deseos o preferencias de tu animal.

Cuando quieras hacerle una pregunta a tu animal de compañía, puedes usar como soporte un papel para pedirle su opinión: la vibración de las palabras escritas en cada hoja le indicará claramente las diferentes opciones disponibles y podrá expresar su preferencia.

Para ello, puedes verbalizar la pregunta en voz alta.

A principios de mes (mientras estaba escribiendo este libro), una cliente quería solicitar un cuidado medeórico para animales.

> Me escribió diciéndome que dudaba entre los cuidados de «Ansiedad/miedo» y «Apaciguamiento de las emociones» para su perro de cuatro años, que había sido atacado por otro animal. Le aconsejé que probara el ejercicio de la opción papel y le sugerí que anotara los cuatro tratamientos ofrecidos para asegurarse de comprender bien las necesidades de su animal. Entonces, escribió el nombre de cada uno de los cuatro tratamientos en un pequeño trozo de papel y los dobló. A continuación, los colocó frente a su perro y le preguntó: *«¿Qué cuidado te beneficiaría más en este preciso momento?»*. En contra de lo esperado,

el animal eligió el tratamiento «Chakra del corazón/ Miedo al abandono». Me escribió un tiempo después para contarme que había comprendido que su animal no sufría tanto por el miedo a la agresión, sino más bien por la preocupación de haber estado en el veterinario para que la tratasen y quedarse en observación durante toda una noche. Había desarrollado una inusual necesidad de cercanía con ella, y gracias a su respuesta, pudo identificar la raíz de su problema.

Este ejercicio se puede realizar con cualquier consulta (a veces incluso hago que mi perro saque cartas del oráculo).

Si el animal no parece interesado o se muestra reacio a trabajar con los papeles, no insistas; a veces simplemente no tiene ganas de responder.

LA PEDIDA DE CONSENTIMIENTO

Objetivo: Determinar si tu animal de compañía está de acuerdo con una decisión.

Al pedirle algo a tu animal, puedes establecer una señal específica para evaluar su estado de ánimo. Para ello, tómate un tiempo para sentarte a solas en una habitación tranquila y formula la pregunta en voz alta, terminando siempre con una solicitud de consentimiento:

«Me gustaría programar una sesión de sanación ener-gética contigo. ¿Me das tu consentimiento?»

Su respuesta suele ser inmediata. Su postura y comunicación no verbal te darán pistas sobre su intención, dependiendo del tipo de animal. Aquí tienes algunos ejemplos:

Los perros

Consentimiento: Mueve la cola, parpadea, da un toquecito con el hocico, apoya la cabeza contra ti, se para frente a ti y espera.

Rechazo: Gira la cabeza y mira hacia otro lado, echa las orejas hacia atrás, mete la cola entre las patas, se aleja, gruñe.

Los gatos

Consentimiento: Ronronea y se frota, parpadea, te toca suavemente con la pata, maúlla.

Rechazo: Mueve la cola, tiene las pupilas dilatadas, echa las orejas hacia atrás, se pone tieso, bufa o huye.

Los caballos

Consentimiento: Gira las orejas hacia adelante, bosteza, mastica, olfatea o apoya la cabeza contra ti.

Rechazo: Retrocede o gira los talones, echa las orejas hacia atrás, patea el suelo, sacude la cabeza.

Las aves

Consentimiento: Se sube a tu hombro, se acicala las plumas, vocaliza suavemente.

Rechazo: Se infla, extiende las alas de manera defensiva, emite un grito agudo, se aleja, te ignora.

Los conejos y roedores

Consentimiento: No huye, mantiene la proximidad, actitud relajada, ojos entrecerrados, roza al cuidador con el hocico.

Rechazo: Desvía la mirada, se aleja, se hace una bola, patea el suelo, respira rápidamente y mira fijamente.

Los reptiles

Consentimiento: Permanece cerca, mantiene los ojos abiertos y aumenta su temperatura corporal.

Rechazo: Silban, muerden, huyen rápidamente, cuerpo rígido e inmovilidad total.

LAS NECESIDADES DEL MOMENTO

Objetivo: Comprender las necesidades inmediatas de tu animal de compañía.

Durante los momentos de descanso diarios, puedes preguntarle cuáles son sus necesidades actuales. Para ello, elige tres pelotas de diferentes colores: rojo, azul y amarillo (u objetos que pueda señalar fácilmente) y pregúntale qué pelota corresponde a cada necesidad. Di en voz alta: *«¿Qué pelota simboliza la necesidad de mimos?»* y deja que elija una. Repite el proceso con la pregunta: *«¿Qué pelota simboliza la necesidad de pasear?»* y después, una última vez, con *«¿Qué pelota simboliza la necesidad de jugar?»*.

Una vez establecido el código, simplemente saca las pelotas y pídele a tu animal de compañía que señale lo que le gustaría hacer contigo. Puedes personalizarlo o añadir más pelotas.

EL ADIESTRAMIENTO TELEPÁTICO

Objetivo: Pedirle a tu animal de compañía que modifique conscientemente un comportamiento.

El adiestramiento puede ser físico, pero también puedes divertirte haciéndole peticiones invisibles.

Piensa en un comportamiento que no te guste; por ejemplo, «Comerse las flores del jardín». Luego, visualízate explicándole a tu animal que no puede acercarse a ellas. A continuación, alza una barrera luminosa entre las flores y el perro. Finalmente, pídele que respete este espacio.

Este ejercicio puede requerir un poco más de práctica, pero tu animal percibe y comprende tanto tus palabras como tus pensamientos e intenciones. Es una forma divertida de comunicarse con ellos. Ten en cuenta que los animales aprecian mucho este enfoque.

VERBALIZAR UN CAMBIO

Objetivo: Explicarle a tu animal de compañía un evento perturbador, ya sea próximo o pasado, para evitar que desarrolle ansiedad ante lo desconocido.

Idealmente, deberías anunciarle a tu animal los próximos cambios con antelación, como:

- la llegada de un nuevo bebé o un nuevo compañero;
- una mudanza;
- una separación;
- la salida de un hijo de casa;
- un nuevo trabajo con un horario diferente;
- cualquier cambio que altere el horario de su rutina;
- un fallecimiento (con antelación si se prevé, de lo contrario, cuando ocurra);
- una enfermedad humana;
- una enfermedad animal y una hospitalización inminente.

Tomaos un momento cuando haya un tiempo de calma, idealmente los dos solos, para crear un espacio propicio para la comunicación. Que haya contacto físico si es posible para reforzar su intención de conectar con él, por ejemplo, cogiéndole la pata o sentándolo en tu regazo.

Ejemplo para un gato al que se le anuncia una mudanza

Verbaliza la situación en voz alta: «*Nos mudamos a esta dirección. La casa será un poco más pequeña, así que puede que tengas menos espacio, pero hay un jardín donde te dejaré ir tras unas semanas, cuando te hayas instalado. Allí, podrás elegir la habitación donde te sientas cómodo. Estoy muy contento con este cambio, así que no tienes que preocuparte; es un cambio positivo que esperaba con ansias».*

Observa su reacción. ¿Maúlla para dar su aprobación? ¿Se aleja rápidamente para procesar la información? ¿Se queda cerca de ti, ronroneando?

Su reacción te dará pistas sobre cómo se tomó la noticia. No te preocupes por su opinión al respecto; se adaptará de todas formas. Lo más importante es explicarle lo que está sucediendo.

Ejemplo para un perro al que le cuentan una ruptura

Verbaliza la situación en voz alta: *«Creo que has notado que X no ha estado en casa estos últimos días y que he estado llorando mucho… Quería disculparme por este momento en el que tienes que sentir y cargar con gran parte de mi tristeza. Hemos decidido separarnos. Yo no tomé esta decisión, por eso estoy tan triste, pero no te preocupes, ¡es una etapa normal que no durará! Pronto me recuperaré y todo volverá a la normalidad. Sigue apoyándome a tu manera, porque no hay nada más que se pueda hacer para que me sienta mejor».*

Tranquilizar al animal es importante, ya que puede sentirse impotente al no poder ayudar a su humano. Observa sus reacciones para obtener pistas sobre cómo recibió esta explicación.

Parte 6
Prodigar un cuidado energético a tu animal de compañía

Tu animal de compañía se acuesta y se despierta impulsado principalmente por la necesidad de cumplir bien su misión —y bien sabe Dios que no se toma ningún día de descanso, dada toda la energía negativa y bloqueos que traemos a casa—, pero también necesita cuidados y atención para desempeñar su función de forma óptima.

En la parte «Cuidar de tu fiel amigo», aprendiste sobre las necesidades físicas, energéticas y emocionales que deben respetarse. Puedes ir más allá y brindarle cuidados tú mismo para devolverle el favor.

Estos cuidados no requieren conocimientos ni dones especiales; son como una extensión de un cuidado que te harías a ti mismo.

Consejo

Comprueba que tu animal de compañía esté dispuesto a recibir cuidados cuando quieras dárselos y pídele su consentimiento, como se explicó en la sección anterior. Una vez que tengas la autorización de tu compañero, puedes pedirle también que elija el tema de los cuidados o simplemente dejarte guiar por tu intuición.

Después de un cuidado, el animal puede necesitar soledad o, por el contrario, tu presencia. Observa sus reacciones y respeta sus necesidades, ya que el tratamiento, aunque beneficioso, puede resultarle agotador energéticamente.

EL CUIDADO DE LA LIBERACIÓN DE LAS MEMORIAS KÁRMICAS

¿Cuándo hacerlo?

- Cuando adoptas un animal bebé.
- Cuando adoptas un animal rescatado o de un refugio.

Objetivo: Liberar al animal de experiencias traumáticas pasadas o vidas pasadas.

Técnica

✓ Siéntate en un lugar tranquilo donde no te molesten y, si es posible, intenta que tu animal de compañía esté en la misma habitación que tú. Lo ideal es tenerlo sobre ti y poder tocarlo cogiéndole una de sus patas.

✓ Cierra los ojos y recita el siguiente mantra: *«Pido la liberación de los recuerdos duros del pasado de mi animal,* [su nombre], *con el fin de que pueda experimentar una nueva encarnación llena de alegría y ligereza».*

✓ Luego, visualiza una sombra que se desprende lentamente de tu animal y se eleva por encima de él. Establece la intención de elevar todos sus sufrimientos a planos superiores para que puedan recuperarse.

✓ Observa el comportamiento de tu animal durante las próximas horas, o incluso los próximos días. A veces, cuando hay bloqueos kármicos importantes, algunos animales pueden vomitar una sustancia negra. Si esto sucede y solo ocurre después del tratamiento, no hay nada de qué preocuparse; forma parte del proceso de purificación. Si persiste, consulta a un veterinario, ya que podría deberse a otro problema médico.

Liberación de los bloqueos kármicos hacia los planos superiores.

EL CUIDADO DE URGENCIA EN CASO DE CAMBIO DE LOS PUNTOS DE REFERENCIA

¿Cuándo hacerlo?

- Cuando tu animal se ha escapado o desaparecido.
- Cuando te hayas mudado.
- Cuando alguien ha abandonado el hogar.
- Cuando hay un nuevo bebé o animal en el hogar.
- Cuando has dejado a tu animal al cuidado de alguien o en una residencia durante una ausencia.

Objetivo: Ayudar a tu animal a anclarse para que encuentre estabilidad energética y emocional.

Técnica

- ✓ Si tienes una obsidiana negra o una turmalina, puedes usarlas como apoyo adicional sosteniendo una u otra en la mano.

- ✓ Siéntate en un lugar tranquilo donde no te molesten y, si es posible, intenta que tu animal esté en la misma habitación que tú. Lo ideal es tenerlo sobre ti y poder tocarlo cogiéndole una de sus patas.

- ✓ Cierra los ojos y visualiza a tu animal tumbado en el suelo, en plena naturaleza, y recita el siguiente mantra:

«Pido el anclaje físico, energético y emocional de mi animal, [su nombre], para que recupere su estabilidad y sus puntos de referencia».

✓ Luego, visualiza la activación del chakra raíz de tu animal de compañía, ubicado en la parte superior de su cola: este chakra, representado por una bola roja de energía, se expande y comienza a girar sobre sí mismo armoniosamente. A continuación, puedes sentir sus garras anclarse en la tierra húmeda y extraer energía de ella. El cuidado finaliza cuando tu animal se escapa, ya sea física o mentalmente, en tu visualización.

✓ Puedes combinar este cuidado con un paseo para que pueda liberar su exceso de energía en la naturaleza.

EL CUIDADO DE CONSUELO PARA LOS ANIMALES ENFERMOS O MAYORES

¿Cuándo hacerlo?

- Cuando tu animal esté enfermo o «apagado».
- Cuando tu animal sea mayor y sufra de condiciones médicas cuyo final es inevitable.

Objetivo: Apaciguar el dolor, aportar consuelo, liberación de las tensiones energéticas.

Técnica

✓ Para este cuidado, simplemente tienes que establecer la intención de aliviar el dolor y el sufrimiento de tu animal colocando las manos sobre la parte del cuerpo que le causa dolor y repitiendo en voz alta: *«Pido la liberación y el alivio físico, energético y emocional de mi compañero animal, [su nombre], para que recupere la vitalidad y la salud física».*

✓ Visualiza una luz verde rodeando su cuerpo y permite que el calor de tus manos se extienda por sus diversos cuerpos energéticos. Visualiza cada cuerpo según su ubicación indicada en el esquema y establece la intención de reparar, sanar y liberar lo que ya no sirve.

✓ Este cuidado finaliza cuando tu fiel amigo se escape. Si se detiene a medias, no insistas; quizás el tratamiento sea demasiado intenso para él y la esté desestabilizando. Si tu animal no coopera, puedes hacer lo mismo a distancia, ya sea usando una fotografía o visualizando su cuerpo mentalmente.

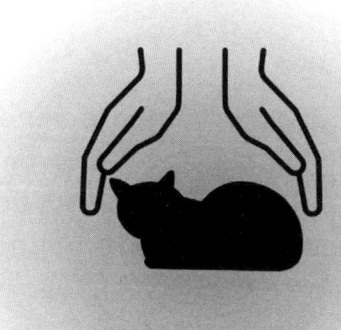

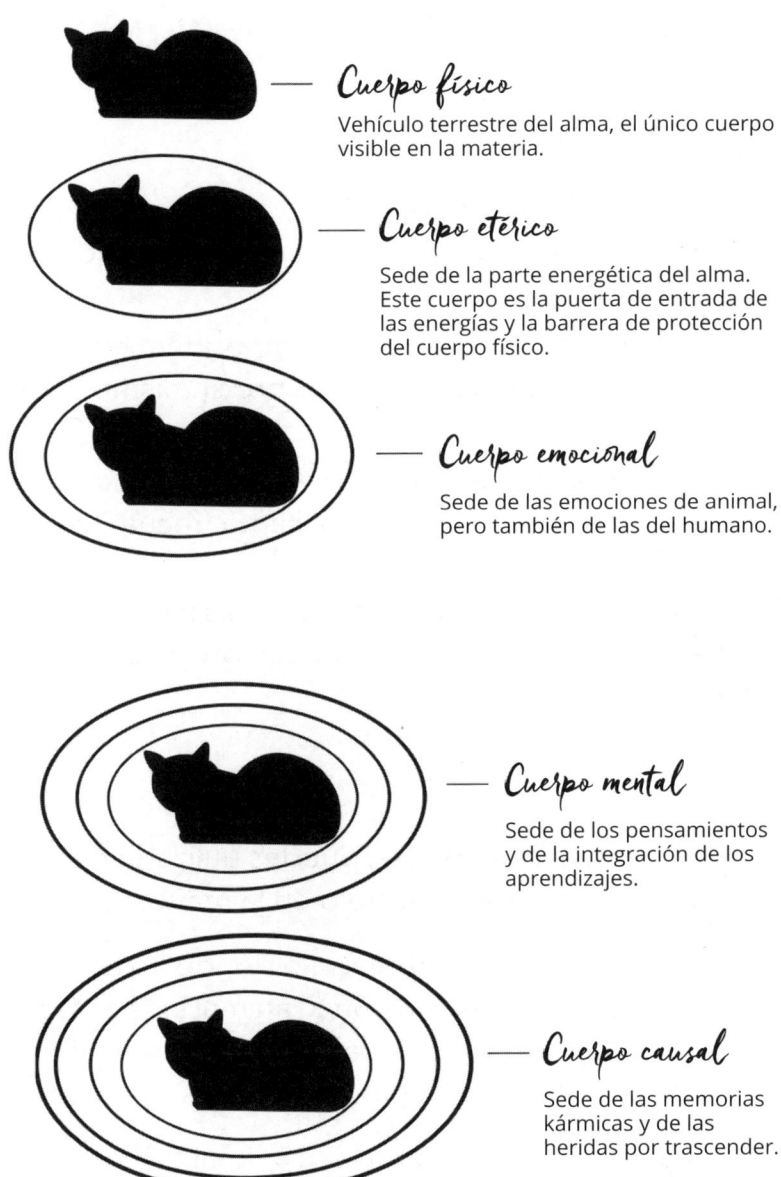

Cuerpo físico

Vehículo terrestre del alma, el único cuerpo visible en la materia.

Cuerpo etérico

Sede de la parte energética del alma. Este cuerpo es la puerta de entrada de las energías y la barrera de protección del cuerpo físico.

Cuerpo emocional

Sede de las emociones de animal, pero también de las del humano.

Cuerpo mental

Sede de los pensamientos y de la integración de los aprendizajes.

Cuerpo causal

Sede de las memorias kármicas y de las heridas por trascender.

EL CUIDADO DE LIMPIEZA EMOCIONAL

¿Cuándo hacerlo?

- Cuando tu animal ha percibido y experimentado alteraciones emocionales en el hogar (separación, discusión, pruebas difíciles).

- Cuando tu animal muestre un comportamiento inusual (agresión, miedo, repliegue sobre sí mismo, ladridos excesivos).

- Cuando haya presenciado un evento traumático que le haya afectado (duelo, ruptura, llanto frecuente).

Objetivo: Liberar emociones absorbidas involuntariamente a través de su cuidador o de sus propias emociones abrumadoras.

Técnica

- ✓ Si tienes un cuarzo rosa, puedes utilizarlo como apoyo adicional sosteniéndolo en la mano.

- ✓ Siéntate en un lugar tranquilo donde no te molesten y, si es posible, intenta que tu animal esté en la misma habitación que tú. Lo ideal es tenerlo sobre ti y poder tocarlo cogiéndole una de sus patas.

- ✓ Cierra los ojos y visualiza a tu animal de compañía en un lugar cálido donde le guste descansar (su cama o el sofá) y recita el siguiente mantra: «*Pido la limpieza emocional de mi animal, [su nombre], para que encuentre calma emocional y la serenidad*».

✓ Luego, visualiza la activación del chakra del corazón de tu animal, ubicado en su pecho. El chakra, representado aquí por ondas que emanan del corazón, se expande y comienza a emitir armoniosamente frecuencias vibratorias altas y relajantes. Siente sus latidos y su calma a medida que las ondas se propagan.

✓ Finalmente, puedes abrazar a tu animal, ya sea físicamente o mentalmente, durante varios segundos hasta que sienta que el efecto calmante en su corazón se haya anclado firmemente.

EL CUIDADO DE PROTECCIÓN

¿Cuándo hacerlo?

• Regularmente para reforzar la protección energética de base.

• Durante los conflictos o discusiones que generen fallos energéticos y emocionales en las personas que vivan en el hogar.

• Durante los ataques energéticos (envidia, tentativa de perjudicar o el mal de ojo).

Objetivo: Facilitar el trabajo de purificación natural que realiza el animal en el hogar y reforzar tu protección general.

Técnica

✓ Si tienes una turmalina negra, obsidiana o cualquier otra piedra protectora, puedes usarla como ayuda adicional sosteniéndola en la mano.

✓ Siéntate en un lugar tranquilo donde no te molesten y, si es posible, intenta que tu animal esté en la misma habitación que tú. Lo ideal es tenerlo sobre ti y poder tocarlo cogiéndole una de sus patas.

✓ Cierra los ojos y visualiza a tu animal en una burbuja rosa, que simboliza apaciguamiento y serenidad, y recita el siguiente mantra: «*Pido mi protección física, energética y emocional, así como la de mi animal, [su nombre], para que las energías negativas no nos alcancen*».

✓ Luego, visualiza al animal en su burbuja rosa (o a ti y a tu animal en la burbuja) y materializa una segunda burbuja azul translúcida para proteger vuestros auras y cuerpos físicos. Observa cómo todas las energías negativas se estrellan y rebotan contra la pared de la burbuja, para luego desaparecer.

✓ Para terminar el cuidado con brocha de oro, puedes realizar una fumigación con salvia en tu hogar con el fin de terminar de expulsar las energías negativas.

EL CUIDADO DE LA LIBERACIÓN DE UN TRAUMATISMO

¿Cuándo hacerlo?

- Cuando tu animal de compañía fue atacado, mordido o golpeado.
- Cuando tu animal de compañía sufrió un *shock* traumático.
- Cuando tu animal de compañía perdió a su guardián de corazón.
- Cuando tu animal de compañía no pudo ser protegido de un evento traumático.

Objetivo: Restaurar la seguridad emocional, física y energética del animal para que pueda liberar miedos y tensión.

Técnica

- ✓ Si tienes una lepidolita, howlita o cualquier otra piedra que apacigüen emocionalmente, puedes usarla como apoyo adicional sosteniéndola en la mano.

- ✓ Siéntate en un lugar tranquilo donde no te molesten y, si es posible, intenta que tu animal esté en la misma habitación que tú. Lo ideal es tenerlo sobre ti y poder tocarlo cogiéndole una de sus patas.

✓ Cierra los ojos y visualiza a tu animal acurrucado en tu vientre y recita el siguiente mantra: «*Pido por la seguridad física, energética y emocional de mi animal, [su nombre], para que pueda liberar su hipervigilancia y recuperar la serenidad*».

✓ Luego, visualiza tus manos sobre su vientre y envía una onda de amor y seguridad, de color rojo, que parte desde tu corazón y plexo solar por todo su cuerpo. La vibración lo envolverá cálidamente y comenzará a extenderse a su alrededor. Puedes sentir cómo su cuerpo, acurrucado, se relaja mientras recargas su sensación de calma.

✓ Finaliza tu cuidado cuando tu fiel amigo se escape físicamente o cuando se ponga de pie en tu visualización. Puedes repetir este cuidado tantas veces como sea necesario hasta que tu animal haya vuelto a la normalidad.

EL CUIDADO DEL REEQUILIBRIO DE LOS SIETE CHAKRAS

¿Cuándo hacerlo?

- Cuando tu animal exhiba un comportamiento inusual, una actitud provocativa o exagerada.
- Como medida preventiva, para asegurarte de que está bien equilibrada.
- Tras un período de enfermedad, de haber tomado medicamentos o de una cirugía.

Objetivo: Reactivar la energía vital y los siete centros energéticos para ayudarle a mantener el equilibrio.

Técnica

- ✓ Si tienes un cuarzo transparente o cualquier otra piedra armonizadora, puedes usarlo como apoyo adicional sosteniéndolo en la mano.

- ✓ Siéntate en un lugar tranquilo donde no te molesten y, si es posible, intenta que tu animal esté en la misma habitación que tú. Lo ideal es tenerlo sobre ti y poder tocarlo cogiéndole una de sus patas.

- ✓ Cierra los ojos y visualiza a tu animal sentado frente a ti y recita el siguiente mantra: «*Pido el reequilibrio y la armonía de los siete centros energéticos de mi animal [su nombre], para que pueda recuperar un flujo energético fluido».*

✓ Luego, visualiza cada chakra por turnos:

- El chakra raíz, ubicado en la parte superior de la cola, abriéndose y girando sobre sí mismo, activando una hermosa luz roja.

- El chakra sacro, ubicado a la altura de los órganos genitales en perros y gatos, o a la altura del coxis en roedores y caballos, abriéndose y girando sobre sí mismo, activando una hermosa luz naranja.

- El chakra del plexo solar, ubicado en la parte superior de la espalda en perros y gatos, o en la parte media de la espalda en roedores y caballos, abriéndose y girando sobre sí mismo, activando una hermosa luz amarilla.

- El chakra del corazón, ubicado a la altura del pecho, abriéndose y girando sobre sí mismo, activando una hermosa luz verde.

- El chakra de la garganta, ubicado a la altura del cuello, abriéndose y girando sobre sí mismo, activando una hermosa luz azul claro.

- El chakra del tercer ojo, ubicado entre los dos ojos, abriéndose y girando sobre sí mismo, activando una hermosa luz azul profunda como la noche.

- El chakra de la coronilla, ubicado en la parte superior de la cabeza, abriéndose y girando sobre sí mismo, activando una hermosa luz violeta.

✓ Cuando hayas terminado, tómate unos segundos para visualizar todos los centros de energía activos y luminosos girando. Imagina la energía vital «Qi» que emana de la tierra y asciende por la pata izquierda de tu animal. Circula por su cuerpo, absorbiendo todas las energías negativas, y luego regresa a la tierra descargando lo que ya no es útil.

✓ El cuidado finaliza cuando el animal escapa físicamente o en tu visualización. Puedes repetir este tratamiento semanalmente.

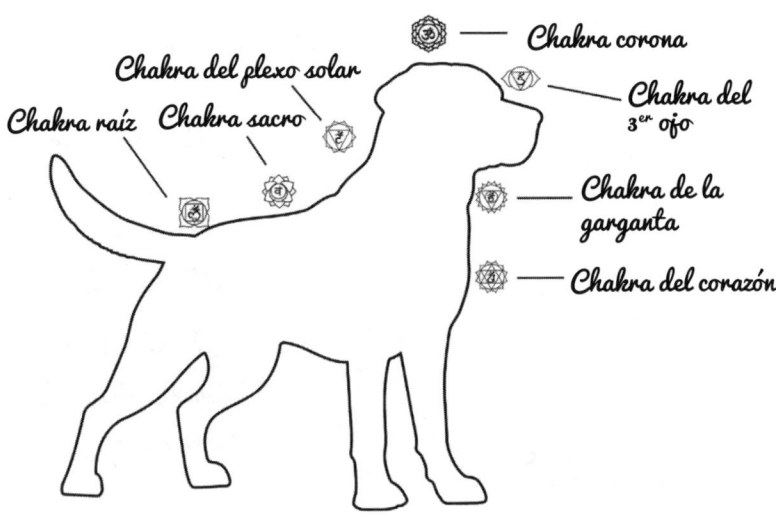

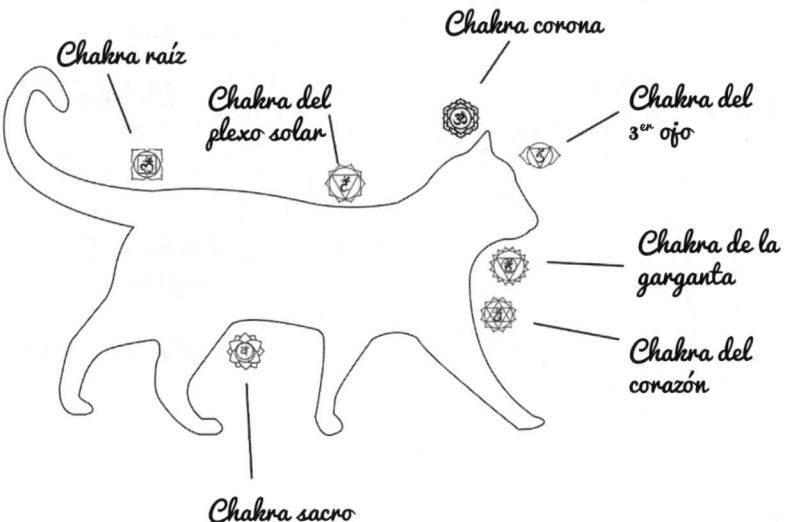

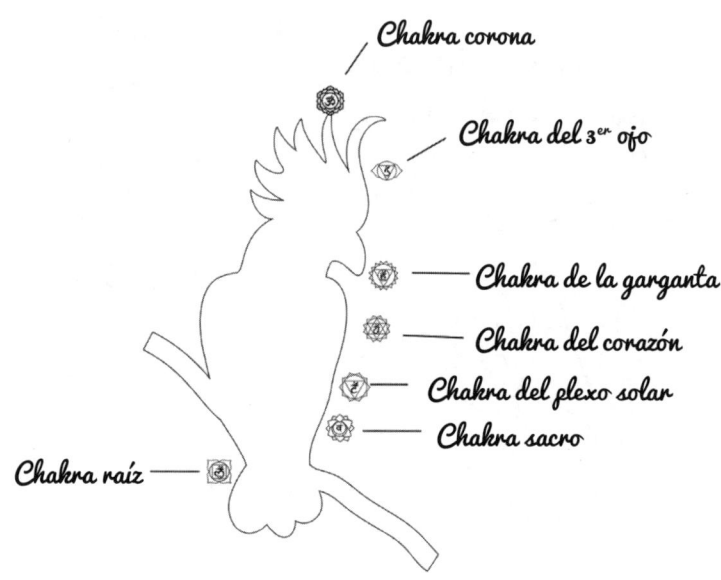

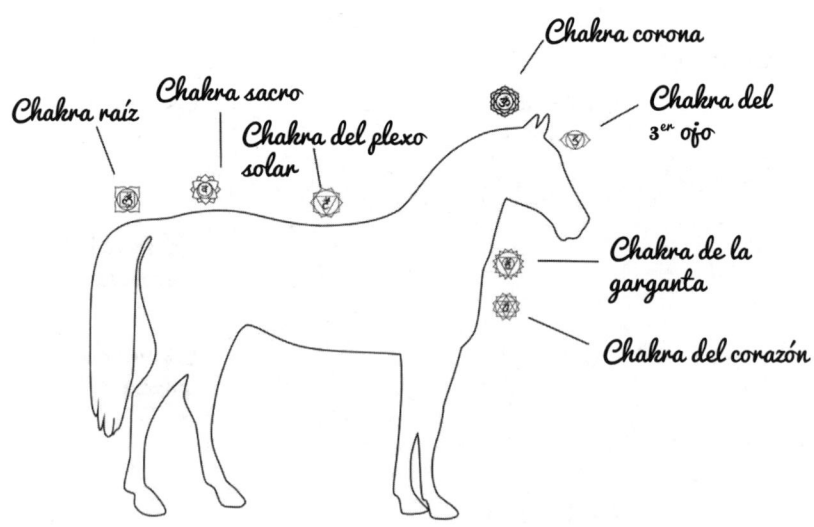

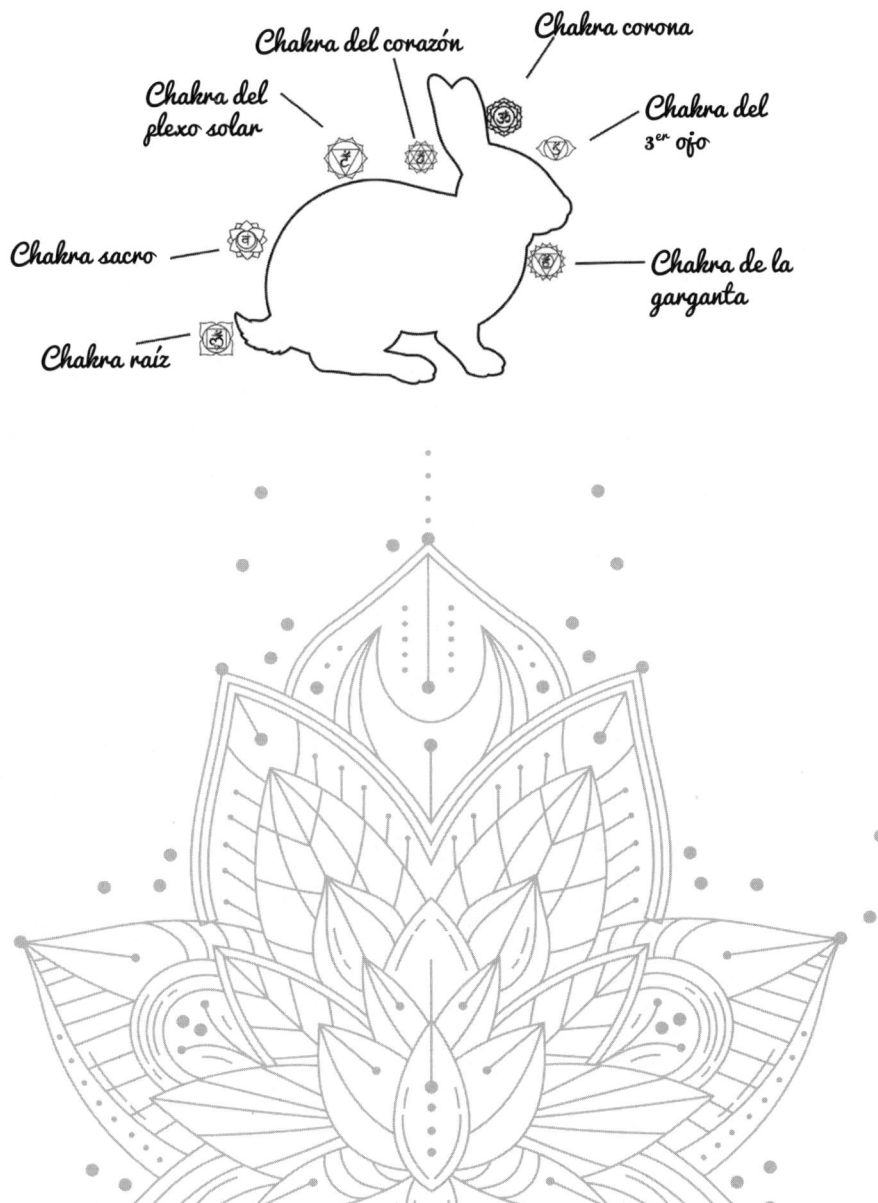

Chakra del corazón

Chakra corona

Chakra del plexo solar

Chakra del 3er ojo

Chakra sacro

Chakra de la garganta

Chakra raíz

Parte 7
La partida de tu fiel amigo

Tras toda una vida siguiéndote como una sombra, un día tu animal fallece. Ya sean circunstancias predecibles debido a su avanzada edad o precipitadas por múltiples razones, su partida deja un vacío inconmensurable que llenar.

El duelo por un compañero animal es intensamente doloroso, porque el amor puro, inocente y desinteresado que reside en él hace que la relación sea casi utópica.

MI FIEL AMIGO ME ESTÁ DEJANDO

Habiendo vivido esto personalmente y a través de mis seres queridos, sé que nadie está preparado para presenciar los últimos momentos de la vida de su fiel amigo, ya sea una pérdida anticipada o repentina, sin darle tiempo al humano para procesar la noticia.

Pero debes saber que, al igual que el *timing* de la llegada, el *timing* de la partida es simbólico.

Mi perra Kenya me dio mi primer susto cuando tenía cinco años: un cáncer en estadio 3 se le materializó en tan solo diez días, lo que nos obligó a operarla dos veces para extirparle casi toda la cola. Recuerdo sentirme paralizada durante ese periodo, sin entender del todo lo que estaba sucediendo y, sobre todo, sintiéndome impotente a su lado.

Recuerdo haber rezado con fervor, pidiendo que se quedara conmigo un poco más, que continuara su camino conmigo, porque sentía que no se había «terminado». Se comunicaba mucho conmigo telepáticamente. Mis seres queridos siempre decían: «*Es como una humana, lo entiende todo*». Y tenía la sensación de que no se iría hasta saber que yo era feliz y que estaba en una relación con un hombre que me fuese a cuidar. Era como un acuerdo tácito que se había comprometido a cumplir, así que, a pesar de la agresividad de la enfermedad, salió adelante y la vida continuó.

Estuvo presente cuando me quedé embarazada, pero también cuando mi vida se derrumbó al comienzo de mi cuarto mes de embarazo, al tener que afrontar sola el inicio de mi vida como madre. Silenciosa y, sin embargo, omnipresente, fue mi reserva de amor y mi fuente de esperanza cuando, postrada en cama durante casi todos los meses restantes, el ser humano no había dejado de decepcionarme.

Ningún amigo, ningún ser querido me cuidó tanto como ella en aquella época. La vida siguió su curso y mi hija nació. Comenzamos una vida como una familia de tres, cojeando parcialmente por las dificultades.

El año en el que mi hija cumplió los tres años, la vida era bella: a pesar de los traumas que nos dejó nuestra historia, nuestra casa de «chicas» estaba repleta de vida y alegría. Un hermoso día de verano, me topé con un conocido que vivía en la misma ciudad y decidimos pasar el día juntos con nuestros respectivos hijos. Al día siguiente, Kenya se comportaba de forma extraña: tenía la mirada vidriosa y aspecto desorientado. Lo atribuí al calor, pero la vigilé de cerca para ver cómo evolucionaba. Esa misma noche, vomitó una sustancia negra. Entré en pánico y pensé que algo grave pasaba. Decidí llevarla a urgencias, y me confirmaron que la mantendrían en observación y le harían algunas pruebas.

Estaba preocupada, pero estaba aquel hombre que, desde el lunes por la mañana, se puso en contacto para saber de nosotras y me preguntó cómo estaba. Le expliqué la situación y me sugirió que cambiara de aires, con el fin de no quedarme dando vueltas en casa. El día transcurrió y no tenía ni idea de qué estaba pasando. La clínica simplemente me dijo que le habían puesto suero intravenoso y que tenía fiebre muy alta y estaba muy débil. Pedí a todos mis seguidores de Instagram que rezaran por ella para ayudarla a mejorar. Erais más de 15.000 personas enviando oraciones cada día. En cuanto me lo permitieron, fui para ayudarla a comer, porque se negaba a hacerlo.

Se produjo finalmente el milagro: regresó a casa el 8 de junio, es decir, dos días después de su hospitalización en urgencias veterinarias. Cuando recibimos los resultados de sus análisis de sangre, que habían sido enviados a París, no mostraba nada anormal. Los médicos estaban desconcertados y no entendían qué le había pasado.

En lo más profundo de mí, volví a pensar en ese acuerdo que Kenya quería cumplir y en el vínculo que comenzaba a formarse con este hombre. Empecé a ver cómo las piezas del rompecabezas encajaban, aunque me negaba a aceptar la idea de que ella me iba a dejar. Finalmente, se recuperó y volvió rápidamente a su estado habitual.

Unas semanas más tarde, el 4 de julio, un mes después de conocernos, este hombre me declaró sus sentimientos y me dijo que, de ahora en adelante, nos protegería a mi hija y a mí. Fue un momento hermoso y emotivo, y me sentí serena y feliz.

Kenya falleció repentinamente al día siguiente.

Fue él quien la encontró inconsciente en la sala mientras yo estaba en el jardín. La cargó y la llevó a urgencias para que la atendieran, pero desafortunadamente, no sobrevivió a la noche. Su acuerdo se había cumplido y se había permitido partir porque sabía que, de ahora en adelante, yo ya no estaría sola.

El *timing* de la llegada y la partida de un animal de compañía siempre está perfectamente orquestado por el universo. Los acuerdos del alma te unen y te abandonan cuando has recorrido el camino y has aprendido la lección. El animal no siente tristeza al dejarte, porque, en realidad, nunca se va del todo.

Dependiendo de las circunstancias de la muerte del compañero animal, su humano puede experimentar una profunda desesperación o una ira intensa. También es importante comprender que la decisión del animal de partir está alineada con tus deseos de tu preencarnación. Aunque dejarte sea difícil para él, está en armonía con las condiciones de su partida. Estos son los diferentes casos de fallecimiento y la explicación espiritual correspondiente a cada uno.

La muerte natural

En este caso en concreto, tu animal muere de «vejez». Ha viajado contigo todo el tiempo y ha cumplido con orgullo su parte del acuerdo. Cuando su cuerpo físico comienza a fallar, no lucha, porque sabe que el acuerdo del alma está llegando a su fin. Los animales de compañía se encarnan en un recipiente con una vida de corta duración, ya que su presencia está destinada a acompañarte durante períodos específicos. No tendrían tanto impacto ni propósito si permanecieran a tu lado toda tu vida.

El mensaje sutil: Tu animal te deja un último mensaje oculto. En efecto, el mal físico que provoca su fallecimiento te indica qué problemas kármicos quedan por resolver. Por ejemplo, si su corazón deja de latir, sabrás que tu chakra del corazón necesita atención. Si se trata de un problema hepático, podría significar un exceso de emociones no expresadas que aún deben trabajarse. Un problema renal implicaría miedos o inseguridades que hay que suprimir.

La muerte accidental

En este caso en concreto, tu animal de compañía actúa como un desencadenante en tu vida, ayudándote a comprender un área en la que te cuesta progresar. Estas situaciones, aunque trágicas, son un increíble acto de amor incondicional, porque el animal sabe que, si su humano no evoluciona en la dirección correcta, la vida le enviará un detonante que lo sacudirá (ruptura, despido, enfermedad).

A veces, algunos animales consideran que deben intervenir para generar este cambio y lo hacen de forma totalmente alineada. No quieren generar culpa ni remordimiento en su cuidador humano, pues su objetivo final es ayudarlo a seguir adelante, ya sea físicamente presente o en espíritu, ya que, incluso después de su muerte, siguen cuidándolo.

El mensaje sutil: Tu animal de compañía te invita a cuestionarlo todo revolucionando el equilibrio del hogar. Al «amputarte» de su presencia, te obliga a tomar las riendas de tu destino y a reconsiderar tus decisiones.

La muerte degenerativa

En este caso en concreto, tu animal te «prepara» con delicadeza para lo que viene después. Es consciente de que no habrías podido afrontar una muerte inmediata y vigila que, inconscientemente, puedas prepararte para florecer de la forma más hermosa. También aprovechan vuestro vínculo en esos momentos en que ambos sabéis que el tiempo es limitado para señalar la importancia del amor incondicional, la compasión y el estar presente en el momento.

El mensaje sutil: Tu animal te invita a comprender que todo en la Tierra es fugaz y que incluso lo que damos por sentado pasará tarde o temprano. Te pide que aprecies a las personas que amas, la vida misma y el tiempo dedicado a cada pequeña felicidad escondida.

Muerte por eutanasia

En este caso en concreto, el humano se enfrenta a una decisión desgarradora: decidir el futuro de su fiel amigo. Ningún cuidador humano bondadoso puede permanecer impasible ante esta difícil situación, donde la culpa y el deseo de aliviar su sufrimiento se entrelazan.

A veces el animal puede mostrarse reticente a separarse de su humano y fiel amigo; el vínculo es tan fuerte que le falta el coraje para irse.

Existen varias razones para esta situación:

- Es posible que el acuerdo del alma se haya cumplido, pero el humano aún no haya alcanzado el nivel o la etapa de evolución que el animal deseaba que alcanzase. Por lo tanto, prolongan un poco más su estancia, porque no quieren irse sin haber completado lo que vinieron a hacer.

- El fuerte apego por parte del humano también puede impedir que el animal tome la decisión de irse. Todo esto, por supuesto, ocurre en planos sutiles, a nivel del alma de ambos protagonistas, pero esto no disminuye en absoluto la dificultad de la separación. El animal no puede decidir irse mientras perciba la angustia de su humano fiel amigo.

- Tercera posibilidad: el animal no quiere separarse de su humano durante un período en el que es vulnerable y desea seguir protegiéndolo y acompañándolo.

El mensaje sutil: Tu animal te pide permiso para irse. Siente una sensación de incompletitud o abandono hacia ti y necesita tu aprobación para poder irse serenamente. Puedes usar el cuidado energético al final de la vida para ayudarte con esto.

En cuanto a la eutanasia, mi madre tuvo una experiencia que dejó a la comunidad médica perpleja: tenía un perro mestizo de Shih Tzu y Lhasa Apso llamado Sam. Estaba a punto de cumplir 18 años, era muy viejo y estaba cansado, pero los días pasaban y se mantenía fiel a su puesto.

Su condición se volvió alarmante cuando perdió la vista y comenzó a tener dificultades para controlar la vejiga y orientarse en la casa. Estaba débil y confundido, se chocaba con frecuencia contra las paredes y comía muy poco. Mi madre se enfrentó a un terrible dilema: ¿debía tomar la decisión de practicarle la eutanasia, sabiendo que estaba en contra de la práctica?

Los días siguientes fueron cruciales: su estado empeoró y la veterinaria le aconsejó que lo dejara ir, ya que el pobre animal sufría demasiado. Decidió hacerlo a regañadientes y, como precaución, el veterinario le administró una dosis diez veces mayor que su peso.

Realizó un ritual energético para acompañarlo y le administró la medicación, y luego esperó a su lado hasta que falleció. Finalmente, cerró los ojos y nos dejó.

Solo que...

Unas horas después, se despertó.

Estaba perfectamente en forma, o al menos dentro de lo que era su nivel: se levantó y caminó como si nada hubiera pasado. No puedo ni empezar a describir el impacto emocional que experimentó mi madre esa noche.

Con el paso de las horas, se había debilitado de nuevo, pero a la mañana siguiente seguía vivo. Entonces comprendió que el perro no podía aceptar la idea de dejarla y le habló de lo importante que era para él marcharse. Este momento solemne y emocionalmente intenso era necesario para que pudiese partir. Se programó una nueva cita y, esta vez, pudo abandonar su cuerpo físico en paz.

Poco después, tuvo una sesión de comunicación animal, y él le explicó el motivo de su falsa partida: no podía dejarla desprotegida. La había protegido durante casi dos décadas y no podía dar el paso. Le agradeció todo el amor y los cuidados que había recibido durante ese tiempo y le reafirmó el amor incondicional que sentía hacia ella. Fue un profundo alivio para mi madre recibir su mensaje.

La desaparición

En este caso en concreto, el animal te pone contra las cuerdas. Desaparece físicamente para obligarte a reconectar con tus sentidos sutiles. Su presencia, ya sea que haya desaparecido, pero que siga vivo, o que haya desaparecido, pero que haya fallecido, sigue existiendo. Te pide que confíes en tus sentimientos, en tu intuición, y que veas más allá del mundo material para encontrar respuestas. Este acto de fe en la vida abre las puertas a lo invisible de una manera más poderosa.

El mensaje sutil: Tu animal te invita a ver lo que no se puede ver, a oír lo que no se puede oír y a recibir mensajes directamente a través de tu corazón, sin el filtro del ego.

¿Cómo puedes ayudar a tu animal si está dando su último aliento? Te propongo un cuidado de acompañamiento paliativo para honrar y apoyar a tu compañero en esta etapa final.

Ya está, ya puedes subir, te lo has ganado ♥

EL CUIDADO ENERGÉTICO DEL FINAL DE LA VIDA

La elección del lugar

Ponte cerca de tu animal de compañía. Se habrá ubicado naturalmente en un lugar energéticamente favorable para su partida. Perciben los vórtices de energía sutilmente y su consciencia los guía durante esta etapa crucial.

El entorno energético

Enciende una vela blanca y purifica la habitación abriendo las ventanas para liberar las energías negativas; luego, di en voz alta: «*Abro un espacio sagrado de liberación para [nombre del animal], para que ascienda hacia la luz con total serenidad y seguridad*».

Liberar a tu animal de compañía de su acuerdo del alma

Como hemos visto, tu animal puede prolongar su acuerdo contigo porque siente que «no estás listo» para seguir adelante solo, a pesar de que su misión haya terminado, o porque tus emociones hacia él son demasiado intensas y no quiere dejarte en un estado emocional desequilibrado.

Su lealtad es tal que puede «aferrarse» intencionalmente para no abandonarte. En estas situaciones, debes darle tu consentimiento para que pueda marcharse: necesita escuchar que le estás dando permiso para ser libre. Para ello, coloca una mano sobre él o tómalo en tus brazos y repite en voz alta: «[Nombre del animal], con esta oración, te libero solemnemente de los deberes que tengas hacia mí. Has cumplido a la perfección tu misión aquí en la Tierra, y te doy mi bendición para ascender a descansar en planos superiores».

Facilitarle su paso al más allá:

✓ Visualiza una onda de luz rosa pálido centelleante alrededor de su cuerpo, protegiéndolo y rodeándolo con tu amor y tu presencia.

✓ Luego, visualiza un vórtice luminoso que desciende del cielo y orbita justo encima de él.

✓ Repite en voz alta: «[Nombre del animal], *cuando te sientas listo, simplemente tienes que entrar en este vórtice luminoso, que te acompañará hasta arriba. A través de esta burbuja rosa, te acompañaré siempre en tu viaje. No estás solo. Estás rodeado de protección y amor. Recuerda: cuando sientas que es el momento adecuado, no dudes en irte. Y, sobre todo, no mires atrás*».

✓ Dale tiempo a tu animal para que asimile el mensaje. Quédate con él unos minutos sin hablar y mantén la visualización.

✓ Tu animal puede sobresaltarse, lamerte o respirar con fuerza. Esto es perfectamente normal. Es posible que no pueda irse inmediatamente y que necesite varias horas, o incluso días, para aceptar la idea de dejarte.

Puedes repetir este ritual siempre que lo necesites. Si tu animal fallece, puedes realizar el Ritual de la ascensión (más adelante) para cerrar esta etapa energéticamente.

MI FIEL AMIGO HA FALLECIDO

Si tu animal ha fallecido, tu acuerdo del alma ha terminado oficialmente. Siente que has comprendido lo que vino a enseñarte y también ha resuelto las deudas kármicas que vino a experimentar.

Sin embargo, ¡su alma continúa velando por ti, incluso después de su muerte!

Generalmente, lo que le impide ascender y liberarse completamente de su encarnación son los residuos y las cargas emocionales persistentes del humano que no puede aceptar la partida del animal. Si este es tu caso, recuerda que el vínculo que os une no es material ni físico.

Vuestras almas están conectadas en planos superiores, y su presencia energética y emocional continuará durante toda tu vida.

Para anclar este cambio impactante, o incluso para un animal de compañía que falleció hace tiempo, puedes realizar este pequeño ritual de despedida para facilitar su ascenso a otros planos.

El último adiós: el ritual de la ascensión

- Instálate en una habitación donde te sientas a gusto y adopta una posición cómoda.

- Enciende una vela blanca y purifica la habitación con salvia o palo santo.

- Prepara un pequeño altar colocando una foto de tu animal en una bandeja, al igual que objetos que simbolicen la liberación (una pluma, piedras, geodas de amatista o cuarzo rosa, su collar, etc.).

- Di en voz alta: «*Abro este espacio sagrado de liberación para acompañar a* [su nombre] *en su ascensión hacia los planos superiores para que encuentre paz y serenidad para siempre*».

- Visualiza un vórtice dorado y luminoso que desciende hasta la habitación. Luego, visualiza el cuerpo de tu animal de compañía elevándose por encima del altar, entrando en el vórtice y ascendiendo suavemente a los planos superiores.

- Deja que la vela se consuma bajo supervisión y dale las gracias a tu animal: «*Siempre estarás en mi corazón, gracias por todo*».

La vida después de la muerte: mantener la comunicación

Como vimos antes, el animal ya no está físicamente presente, pero sigue existiendo en un plano invisible. Por lo tanto, tienes la posibilidad de comunicarte con ella y pedirle que te manifieste su presencia.

Para ello, elige dos palabras de cada columna y combínalas. Por ejemplo: *sombrero de rayas de cebra*. Este se convertirá en tu mensaje codificado cuando tu animal quiera manifestarte su presencia. Presta atención a lo que dices, oyes y ves en esos momentos, porque te está enviando una señal para guiarte allá donde esté.

El código no toma necesariamente la forma de algo tangible y existente.

El mensaje puede manifestarse a través de la televisión si, por ejemplo, estás viendo una serie y la actriz lleva un sombrero de rayas de cebra, pero también puede aparecer como una ilustración en un periódico o en un libro.

Si ninguna de las palabras te convence, puedes elegir tus propios nombres clave.

Animal	Flúor
Casco de moto	Rayas de cebra
Pluma	Efecto espejo
Diadema	Leopardo
Estrella	Motivo floral
Sombrero	Terciopelo
Gafas	Arcoíris
Corazón	Nacarado

Carta abierta a tu fiel amigo

Puede ser importante hablar abiertamente con tu animal de compañía para recordarle lo real y profundo que es tu amor. A menudo, lo amamos en silencio y no verbalizamos nuestros sentimientos. Aquí tienes una carta abierta para leérsela en voz alta a tu animal, esté vivo o haya fallecido, y que puedes adaptar a tu gusto.

Querido/a [nombre del animal]:

Hoy te escribo para demostrarte el amor y la ternura que siento por ti. Durante todos estos días, semanas y meses, has caminado a mi lado, un apoyo silencioso que nunca flaquea. Eres el mismo incluso cuando estás débil, triste o cansado. Nunca abandonas tu misión a mi lado.

A veces, en mi ajetreada vida, no me tomo el tiempo para honrarte como debería, y te pido disculpas por ello.

Que sepas que tu amor y tu presencia no son un deber y que me brindas una felicidad tan pura y única que nada ni nadie podría reemplazarte.

Gracias por protegerme, gracias por mostrarme lo que no consigo ver. Gracias por limpiar todo aquello que no puedo liberar por mí mismo. Gracias por canalizar mis emociones y energías sin pedir nada más a cambio que una simple caricia y un poco de atención.

Me comprometo a seguir cuidándote y hacer todo lo posible por liberar lo que me agobia para que podamos llevar a cabo nuestra misión con éxito.

Quiero que sepas que estás en lo más profundo de mi corazón; te amo incondicionalmente.

Tu ser humano que te ama.

Conclusión

¡Hemos llegado al final de esta pequeña e intuitiva guía dedicada a nuestros compañeros de vida! Más allá de su raza, personalidad y heridas kármicas, nuestros animales nos honran con su presencia y amor incondicional. Este libro no solo tenía como objetivo hacerte consciente tiernamente sobre la belleza de este vínculo, sino también abrir las puertas interiores de la reconexión con uno mismo, con nuestra alma y con las razones del «por qué» elegimos encarnarnos aquí en la Tierra.

De ahora en adelante, en cada evento de tu vida, en cada etapa, en cada encrucijada, sabrás que no estás solo, porque tu guía peludo está ahí para guiarte y acompañarte todo el tiempo que sea necesario.

Confía en tu intuición y permanece atento a la vida y sus sincronicidades, pues en ellas se esconden muchas respuestas y mensajes.

Afectuosamente,

Stéphanie

GRACIAS POR TU LECTURA

¿Te gustó esta guía?

¡No dudes en dejarnos un comentario!

o entra en

www.edaf.net

DESCUBRE LA SANACIÓN ENERGÉTICA EN NUESTRA TIENDA

Entra en la página web:
www.lesmedeoresdankaa.fr

- Joyas para la liberación de la memoria celular
- Oráculos de liberación y adivinación
- Libros de desarrollo personal
- Bola de embarazo energética